Lk⁷5027

à conserver

VOYAGE
AU
MONT D'OR.

MON VOYAGE

AU

MONT D'OR,

Par l'Auteur du VOYAGE A CONSTANTINOPLE,
par l'Allemagne et la Hongrie.

par Mr de Salabery.

DE L'IMPRIMERIE DE CRAPELET.

A PARIS,

Chez MARADAN, Libraire, rue Pavée S. André-
des-Arcs, n° 16.

AN X — 1802.

VOYAGE
AU
MONT D'OR.

LETTRE PREMIERE.

On n'a plus un goût exclusif pour les voyages de long cours. Ce n'est pas seulement parce que ceux qui viennent de si loin ont trop beau jeu pour mentir ; c'est plutôt parce que la mappemonde est rétrécie pour nous : soyons de bonne foi. Graces à un nom célèbre, il faut que les Français voyagent en troupes.

Le monde est moins grand qu'on ne pense, et la France l'est beaucoup plus qu'on ne croit. J'abandonne à mes successeurs le soin d'établir cette vérité par des observations multipliées dans le même genre. Ce n'est pas moins une découverte qui m'appartient, qu'on auroit pu m'enlever; mais je prends date.

Au reste, c'est ma profession de foi de voyageur seulement que je vous dois. Je vous dirai donc que je pense, avec le philosophe gascon, que « *le voyager est* » *un exercice profitable, l'ame y acqué-* » *rant une continuelle exercitation à re-* » *marquer des choses nouvelles* ». J'ai d'ailleurs un avantage qui m'est commun avec Montaigne ; c'est toujours quelque chose. « *J'aime les pluies et les crottes* » *comme les canes : la mutation d'air* » *et de climat ne me touche pas ; tout* » *ciel m'est un* ».

Il y a mille manières de se transporter, plus commodes et plus sûres les unes que les autres. Les Ostiaks vont en traîneaux attelés d'une demi-douzaine de chiens.

L'abbé Prévot connoissoit beaucoup un roi d'Afrique qui alloit sur une vache ; et tout le monde sait que le voyageur Moore rencontra dans le même pays un homme qui voyageoit sur une autruche. Riesbeck s'est mis en route avec un fusil sous son bras; Goldsmith s'en alloit avec son violon et son chien. Je connois un Lyonnais qui s'est fort bien trouvé de voyager en aveugle ; sa jeune femme le conduisoit : ils arrivèrent de corps-de-garde en corps-de-garde, jusqu'en Suisse. Quand on lui demandoit son passe-port, elle demandoit la charité.

Entre ces diverses manières nous avions pris un terme moyen ; nous avions un cheval pour deux ; car avec la meilleure volonté d'éviter la magnificence, il faut changer de chemise pour soi, et d'habit pour les autres. Il est désagréable de ne s'entendre dire, *mon ami*, que parce qu'on est en veste.

Ce mot de *nous* me fait penser que j'ai

oublié de vous prévenir que je n'étois pas seul. J'ai cru que cela alloit sans dire, et qu'il étoit convenu qu'on ne voyageoit bien qu'ensemble. C'est même dans ce qui nous accompagne en voyage, ce qui est le plus à soigner que le choix d'un camarade. Tant mieux pour vous si le vôtre a de la science, du génie, ou seulement de l'esprit; mais dans ce dernier cas vous risquez de le trouver despote, tranchant et inégal. Si c'est un petit homme, vous le trouverez têtu ; s'il est bossu, vous savez bien qu'il sera goguenard. Au reste, il est impossible, il est même inutile qu'il soit toujours de votre avis : mais fût-il janséniste, assurez-vous bien, avant de partir, que vous êtes de la même opinion.

LETTRE II.

Par un accident, la première partie de ce journal a été perdue, et le lecteur ne retrouve le voyageur que sur le pont de Blois : il y en a un dans cette ville depuis long-temps. On dit qu'il existoit dès l'an 1078; on peut affirmer qu'il étoit sur pied dans le treizième siècle : le fabliau intitulé *le Jugement des* ...... (1) le prouve, et même qu'il y passoit des amoureux qui n'avoient pas le sou.

En 1724 on reconstruisit ce pont sous la direction de l'ingénieur *Régemortes*. Graces à la révolution, et à un procureur

---

(1) *Voyez* Fabliaux du treizième et quatorzième siècles, *tom. 3.*

qui représentoit le peuple français, on est parvenu à en détruire une arche à force de bras et de poudre; le tout par mesure de sûreté et dans la crainte des brigands, c'est-à-dire des Vendéens, qui n'en sont jamais venus plus près que vingt lieues, et ne seroient même arrivés que par la rive droite, c'est-à-dire par le côté opposé.

La ville de Blois renferme des maisons sombres, solidement bâties; chacune est un bâton de perroquet. Philibert de Lorme en a construit plusieurs; les noms des possesseurs s'y conservent encore. On voit la maison de Florimond Robertet, où le jour finit à cinq heures en été; celle de la belle madame de Sauve, où elle fit tant de faux pas; celle enfin de ce fameux Guise, un de ses mille et un amans, et à qui l'on s'intéresse, tout factieux qu'il étoit. A l'approche du crépuscule de la nuit, vers cette heure où les objets vont se confondre, on croit voir passer sous ces voûtes obscures

cette ombre audacieuse, disant encore:
Ils n'oseroient.

Le château se voit avec intérêt, non pas seulement comme théâtre de catastrophes historiques, elles se ressemblent ainsi que les hommes de tous les temps, qui en sont les auteurs, mais comme monument de la magnificence des différens siècles. L'ouvrage de Louis XII et de François 1er ne brille plus à côté de celui de Gaston. Le château neuf que Mansard a construit par ses ordres fait regretter que la mort de ce prince ait interrompu l'exécution du plan entier. Le cardinal de Retz a pris soin que sa mémoire n'obtînt pas l'admiration; mais son goût pour les arts et les sciences, la protection qu'il leur accorda, sa bienfaisance pendant l'espèce d'exil qui l'a retenu long-temps à Blois, ont conservé dans le pays, pour son nom, une reconnoissance de tradition. On lui doit une *Flore française,* qui est curieuse à voir, par la comparaison qu'elle offre des progrès qu'on a fait faire à la botanique. On y trouve telle fleur bien commune, que la culture a ennoblie depuis. Dans la forêt de Blois, les botanistes rencontrent encore des simples et des plantes qui ne sont pas indigènes, et qu'il y fit jeter dans le temps (1).

La recherche de sculptures, de luxe extérieur que l'on remarque dans les antiques maisons de la ville, vient des différens ministres et seigneurs qui ont accompagné nos rois et nos reines lorsqu'ils venoient tenir leur cour à Blois.

C'est à cette co-habitation que Blois doit sa réputation d'être la ville de France où l'on parle le plus purement, celle enfin

« Qui teinte encor des façons de la cour,
« Du beau langage a conservé le tour »,

---

(1) *Voyez* la note sur cette lettre, à la suite de l'ouvrage.

dit le poète Robé. — Cependant, quoique Louis XII y soit né, que le duc de Guise y ait été assassiné, et que Catherine de Médicis y soit morte de sa belle mort, une femme est à Blois toute *foupie*, toute *enfondue*, et vous en demandera *un petit :* il y en a même qui ne s'en *soucissent* pas du tout.

Enfin l'opinion reçue est qu'on n'y a pas de ces expressions grossières, ni cette mauvaise prononciation si communes dans les autres provinces. Le chanoine dont le livre commence par *car*, n'est pas de cet avis, puisqu'il dit : « *Gardez-vous de prononcer, ainsi que fit Charlotte, à Blois, durant les Etats, que nous étions avec ce moine de Bourgmoyen......* ». C'est bien dommage que je sois obligé d'en rester là ; mais je ne soigne ici que votre instruction grammaticale.

On a bien écrit que l'empereur Julien aimoit Paris, à cause du caractère sérieux de ses habitans : or, les Parisiens d'aujourd'hui sont sérieux, comme les vignerons du Blaisois sont grammairiens.

Au reste, voilà pour la prose : je vais vous citer des vers d'un poète devant lequel Cyrano n'auroit fait œuvre.

« Je n'ai plus d'ennemis...... (C'est l'empereur d'Ethiopie qui parle Blaisois) :

« Je n'ai plus d'ennemis, et ma bonne fortune,
Dans la facilité de vaincre, m'importune ;
Et ma valeur, trouvant le monde trop petit,
Ayant tout dévoré, n'entre qu'en appétit.
Toi, le plus grand des dieux, auteur de la lumière,
Ouvre ton cœur sensible aux traits de ma prière !
Pour mon ambition fais un monde nouveau ;
Forme un air seulement, une terre et de l'eau :
Je formerai du feu, j'en ai dans mon courage
Assez de quoi fournir un monde, et davantage.
Mais quoi ! c'est sans raison que je m'adresse aux
    dieux !
. . . .
Toute leur providence est assez occupée
A reculer le ciel du bout de mon épée ».

Je ne puis m'empêcher d'y joindre un échantillon dans le genre fugitif : c'est une strophe de l'éloge du tabac par le même auteur :

« En prenant du tabac je prends un grand plaisir ;
Les mauvaises humeurs descendent à loisir ;
Je ne mourrai jamais si j'en puis toujours prendre.
. . . . (1) ».

C'est sur ce ton-là que Paul Véronneau, poète blaisois, embouchoit la trompette en 1634. Il ne paroît pas que les muses se soient réveillées depuis dans le pays, si ce n'est peut-être au son du galoubé du marquis de Pesay.

Quoi qu'il en soit, il y a à Blois de bonne crême et de bons vins ; on y fait de bons gants, et c'est la terre classique des horloges, des couteaux, des dés à coudre, et des poires de bon chrétien.

―――――

(1) *Voyez* les notes à la suite de l'ouvrage.

LETTRE III.

En sortant de la ville, du côté de la Sologne, une longue chaussée mène à une vaste forêt. Je n'aime guère plus les grandes routes que les allées droites, et de préférence je fais quelques pas de trop pour voyager sous des voûtes de verdure plutôt que par de larges chemins. La pensée se trouve plus réunie, et on la suit avec moins de distraction. Quelle scandaleuse activité ! A peine a-t-on fait cent pas dans ces sentiers de la forêt, qu'on n'entend que des coups de hache sourds; on ne rencontre que des enfans, des femmes, des vieillards, des ânes, des hottes; tout plie sous le poids. Ce n'est plus par besoin qu'une mère indigente, qu'un vieillard isolé restent courbés une journée entière pour emporter sur leurs dos quelques branches mortes qui cuiront leurs alimens chétifs, c'est le brigandage devenu pour eux un métier, par instinct, ou plutôt par exemple.

La forêt se trouve entourée de vignobles. Bientôt le coup-d'œil change : au lieu du recueillement qu'inspiroient ces futaies élevées, tous ces enclos, ces petites habitations qui se pressent et couvrent le paysage, présentent l'idée douce de l'industrie et de l'aisance, qui devroit en être par-tout le prix. La seconde réflexion est plus vraie et plus pénible. Il n'y a point de culture aussi rude que celle de la vigne, point de fruits moins sûrs, ni que la terre donne avec plus de regrets : elle semble désavouer les excès qui naîtront de sa fécondité. Comment les hommes se dévouent-ils d'eux-mêmes à des travaux qui leur feroient détester la vie, s'ils y étoient condamnés? Tous ces sillons, plantés de ceps, sont cultivés à la main par une multitude d'hommes courbés jusqu'à terre. A soixante ans ils ne marchent plus que pliés en deux.

« Os homini sublime dedit, cœlumque tueri
Jussit, et erectos ad sidera tollere vultus ».

Ovid.

Le peintre-poète avoit-il sous les yeux cette portion *rabougrie* de l'espèce civilisée, ou bien ces races *barbares* de pasteurs ou de chasseurs qui sont d'une si *belle venue ?* Depuis le manufacturier jusqu'au vigneron, toute occupation sédentaire ou pénible oblige la race qui s'y dévoue à vivre dégénérée et contrefaite : ce qui démontre à M. de Saint-Mart.... que « *l'homme a tout confondu en quittant la ligne droite pour la ligne circulaire* » ; c'est-à-dire, pour être plus intelligible, « qu'*il s'est égaré en allant de quatre à neuf, et jamais il ne pourra se retrouver qu'en allant de neuf à quatre* » (1).

(*Des Erreurs et de la Vérité.*)

---

(1) Il n'est jamais permis à M. de Saint-Mart....

D'autres en concluront que les principes *ochlocratiques* sont vrais, car on ne s'arrête pas là à moitié chemin. Fontenelle leur a répondu au nom de l'humanité et du bon sens, quand il a dit : « *Si je tenois toutes les vérités dans ma main, je ne l'ouvrirois pas pour les montrer aux hommes* ».

Le genre du travail influe sur le moral. Le laboureur s'attache au sol; mais le vigneron est parmi les cultivateurs ce qu'est le chat parmi les animaux domestiques; encore le vigneron n'est pas plus attaché à la maison qu'au maître. Plus indépendant que le laboureur, il est moins paisible : sa mare mercenaire le fait exister dans une misère à-peu-près

---

d'expliquer ce qu'il veut dire, de peur d'être trop clair. Comme on ne m'a rien défendu, je dirai, de peur d'être trop obscur, que *la ligne droite*, ou *quatre*, est le type de la vie patriarchale; et que *la ligne circulaire*, ou *neuf*, est le type de l'état social. *Intelligenti pauca.*

égale par-tout où la vigne est cultivée. Je n'ai jamais conçu pourquoi cet instrument si court, qui oblige à une attitude si pénible, ne recevoit pas un manche d'une dimension plus raisonnable. Sa force seroit à-peu-près la même, et l'usage en seroit plus favorable à la santé. C'est de-là, au reste, que vient l'étymologie du *tintamare*.

Dans tous les pays où les cultivateurs se réunissent, il y a des heures de repos. Quand le moment de reprendre les travaux arrivoit, le premier réveillé *tintoit à la mare* pour appeler ses compagnons. Le son des cloches a averti par la suite d'une manière plus constante; et dans les grands vignobles il y a des fondations faites aux églises pour que le *tintamare* soit sonné.

Ces signaux champêtres ont servi à plus d'un usage. J'ai vu des essaims d'abeilles rappelés au son de la mare. Dans ces derniers temps, où *les pères et les enfans poussés par milliers aux frontières, y alloient en tremblant pour faire trembler l'Europe* (1), j'ai souvent traversé ces immenses vignobles peuplés de jeunes gens qui n'aimoient pas la gloire ; un coup de mare se faisoit entendre sur un point, une réponse successive s'étendoit avec rapidité sur toute la ligne, et ce n'étoit que long-temps après le danger passé que j'en appercevois la cause. Des gendarmes se montroient dans la perspective, et s'ils venoient faire des recherches, elles étoient inutiles. Ces télégraphes naturels sont assez généralement établis pour le salut commun. Les bergères, dans les bois, s'avertissent ainsi ou de leur arrivée, ou de la vue d'un loup, ou d'un événement quelconque. Cet usage de s'avertir par des cris, étoit pratiqué dans les Gaules dès le temps de César. C'est ainsi que le massacre des Romains fait à Orléans par les

---

(1) *Rivarol.*

Gaulois, fut su en Auvergne, c'est-à-dire à quarante lieues de distance, entre le lever et le coucher du soleil (1).

---

(1) « Celeriter ad omnes Galliæ civitates fama perfertur ; nam ubi major atque illustrior incidit res, clamore per agros, regionesque significant : hunc alii deinceps excipiunt, et proximis tradunt ; et tunc accidit. Nam quæ Genabi oriente sole gesta essent, ante primam confectam vigiliam in finibus Arvenorum audita sunt ».

Lib. 7. — *C. Cæsaris.*

LETTRE IV.

Nous avons traversé si vîte la Sologne, que je n'ai pas eu le temps d'y apprendre si les niais de ce pays-là prenoient encore les pièces de deux sous pour six liards ; et sans le plus petit événement remarquable, nous sommes arrivés vers neuf heures du soir à la porte du château de P.....

L'aubergiste recommanda à Don Quichotte, une fois pour toutes, de ne pas se mettre en route sans argent. Il n'est pas moins utile de s'arranger de manière à faire plus envie que pitié ; car comme on ne voyoit ni notre cheval, ni sa valise, on nous prit, je ne dirai pas précisément pour qui. Néanmoins, graces à une lettre de recommandation, on nous donna une omelette. Le propos tomboit de temps en temps ; le bon vieillard qui se trouvoit notre hôte avoit intention d'avoir bonne opinion de nous ; mais sa femme avoit une frayeur qu'elle ne dissimuloit pas du tout. On nous logea au fond de la cour, dans un pavillon isolé. Notre hôte nous conduisit très-gracieusement ; mais le confident dont il étoit venu escorté, ferma la porte extérieure et emporta la clef. Le lendemain matin, la sérénité domina entièrement, et les alarmes nous parurent très-naturelles de la part de madame, dès qu'elle nous eut expliqué qu'on avoit fait un mauvais coup dans le pays deux ans auparavant. Nous étions pourtant chez les plus braves gens qu'on puisse connoître. C'est que malgré tous les livres de philanthropie, depuis le philosophe qui les écrit, jusqu'au charbonnier qui ne lit pas, chacun dort sa porte fermée. L'homme craint l'homme, c'est-à-dire un frère qui a pour devise: *Le mien à moi, le tien à nous deux.* Je comparois les temps passés au temps présent ; je pensois à cet âge du monde où les pères de famille se tenoient à la porte de la ville, ou bien devant leurs tentes pour attendre les voyageurs, et où leurs femmes leur faisoient des gâteaux. Télémaque et Mentor abordent chez les Piliens ; ce n'est qu'après le dîner que Nestor dit : A présent que les étrangers n'ont plus faim, il convient qu'ils nous disent qui ils sont et d'où ils viennent. — Il étoit si ordinaire d'être bien reçu sur sa bonne mine, que maint héros revenant d'un long voyage, se plaisoit à laisser sa famille en suspens sur son compte, pour se procurer le plaisir de la surprise. Aujourd'hui on ne fait plus de ces épreuves-là. Quand Thésée revint chez son père, ce fut à table qu'on le reconnut. Il tira comme par hasard son coutelas pour couper les viandes, et ce cadeau distinctif du vieil Egée groupa tout de suite un tableau de famille : ce qui confirme pour les jeunes gens l'utilité des grands couteaux, et la leçon de madame Geoffrin (1).

---

(1) On dit qu'étant jeune, le chevalier de

Coig.... dînoit un jour chez madame Geoffrin. Il se trouvoit en même temps couper assez mal un gigot avec un très-petit couteau, et conter une très-longue histoire, dont il ne se tiroit pas mieux. « *Monsieur le chevalier*, lui dit madame Geoffrin, *quand on entre dans le monde il faut avoir de grands couteaux et de petites histoires* ».

LETTRE V.

Au milieu de ces sables monotones, de ces ajoncs, de ces arbres contrefaits, enfin de ce qu'on nomme des champs, des prairies et des forêts dans la Sologne et dans la moitié du Berry, on ne s'attend pas à rencontrer la masse imposante de bâtimens, ni les dehors superbes qui annoncent de loin Val..... Quel amas de pierres de taille ! quels larges portiques ! quelles belles plantations ! quels ombrages ! Le long de ces terrasses, tout jusqu'au sol est l'ouvrage de l'art. Quels beaux et nombreux orangers ! mais ils sont en caisse, ils sont toujours étrangers. La terre ne vend pas la naturalisation, l'or ne peut vaincre le climat que par ruse. Il y a de la grandeur dans tous ces développemens si coûteux : c'est la demeure d'un souverain d'Allemagne, ou plutôt d'un financier français. C'étoit aussi la demeure de la bienfaisance, car il ne faut pas croire qu'ils répondissent tous comme le marquis de Ma..... à ce pauvre : *Est-ce que je t'ai jamais rien demandé ?* Les financiers modernes n'étoient plus des Turcarets. Il est sûr que quand M. Beaujon répondoit à la reine : *Mme, si c'est possible, c'est fait ; si c'est impossible, cela se fera,* on devoit croire entendre plutôt le duc d'Antin parlant à la duchesse de Bourgogne. — L'esprit français avoit gagné tous les états, et, à force de corruption, il n'y avoit plus que le vice aimable qui fît fortune.

Philibert de Lorme fut l'architecte du beau château de Val.....; ses dessins durent leur entière exécution à M. de Vil..... le dernier possesseur. Les anciens seigneurs étoient de la maison d'Etampes. — Et quant à ce rapprochement de deux noms un peu différens, j'ai toujours fort bien conçu comment des riches nés d'hier créoient Puteaux et la chaussée d'Antin.

Je crois bien que Baies et Pouzzoles n'étoient pas bâtis ni habités par des Fabius et des Pisons seulement; mais comment le délire de la vanité portoit-il nos financiers à habiter d'antiques demeures où leurs yeux étoient continuellement humiliés de la comparaison?

« Si certains morts, disoit déjà de son
» temps l'auteur des *Caractères*, reve-
» noient au monde, et s'ils voyoient
» leurs grands noms portés et leurs ter-
» res les mieux titrées avec leurs châ-
» teaux et leurs maisons antiques possé-
» dées par des gens dont les pères étoient
» peut-être leurs métayers, quelle opi-
» nion pourroient-ils avoir de notre
» siècle » ?

La remarque de la Bruyère devroit trouver aujourd'hui des continuateurs :

    Ætas parentum pejor avis tulit
    Nos nequiores . . . .

LETTRE VI.

Le Berry offre à la vue un pays plat, bien boisé, assez fertile, mais sans débouchés faciles ; aussi y trouve-t-on en grande abondance ce qui est nécessaire à la vie ; mais comme le défaut de communications empêche les habitans de se défaire du superflu, ils sont paresseux et insoucians. Je n'en veux pour preuve que l'entrée de Vatan, où, vers la fin de mai, il y avoit une fondrière qui occupoit tout le chemin, de manière à y enterrer les chevaux, la charrette et le conducteur Berrichon. Cependant il y a fréquemment une foire dans cette ville, comme il s'en tient un grand nombre dans le Berry, depuis le onzième siècle où elles ont commencé à y être établies. Il paroît même qu'en 1484, Charles VIII transporta les foires de Lyon à Bourges;

mais cet arrangement ne dura que treize à quatorze ans.

Arrivés à la principale rue de Vatan, nous ne vîmes que des enfans courir, et des cerceaux rouler. Ces cerceaux me rappeloient le serpent emblématique qui se mord la queue. Ces enfans poussoient le temps devant eux en toute hâte, sans se douter que *la vie en est faite.* Au reste, ce passe-temps là est aussi innocent que bien d'autres ; il ne nuit à personne. Si quelques-uns de nos hommes d'état étoient restés à jouer au cerceau, que de repos de plus pour nous, et que de remords de moins pour eux ! Et quant à la profondeur, entre le cerceau et leurs graves occupations, y a-t-il tant à dire !....
« *Majorum nugæ negotia vocantur* » (1), dit saint Augustin. Il est vrai qu'il avoit beaucoup aimé à jouer à la balle (2).

---

(1) « Quand les hommes sont grands, ils appellent affaires les riens qui les occupent ».

(2) « *Qui si in aliquá questiunculá a condoctore*

De Vatan à Issoudun il y a trois lieues de pays. Depuis le Cher la mesure est bien longue, et chaque lieue en vaut deux communes de France. Pour regagner le temps perdu, nous montâmes à cheval à la poste, et je vous assure que quand on est engagé dans cette route-là avec un postillon qui ne sait pas son chemin, par une nuit très-noire et une pluie battante, on est enchanté d'arriver à Issoudun, même à minuit.

Il étoit déjà nuit close quand nous partîmes de la poste, et notre conducteur n'étoit pas de très-belle humeur. On ne distinguoit rien, et la pluie nous tenoit les yeux à demi-fermés. A tout instant cet homme nous crioit : baissez-vous, gare la branche; et nous allions, courbés sur nos chevaux, pestant après l'immense forêt qui sépare Vatan d'Issou-

---

suo victus esset, magis bile atque invidiâ torquebatur quam ego cum in certamine pilæ a collusore meo superabar ». Confess., l. 1.

dun. Tout cela n'existoit que dans le cerveau malicieux du postillon, et le lendemain matin, en ouvrant notre fenêtre, nous ne vîmes qu'une grande plaine bien nue, et pas un arbre, sauf un mauvais petit bois coupé qui est à la porte d'Issoudun.

LETTRE VII.

Issoudun est une ville assez considérable; elle fut attaquée par les Anglais sous Charles VII, dans le temps où ce prince qu'ils appeloient le *roi de Bourges*, n'avoit à son dîner que deux poulets et une queue de mouton que lui envoyoit Jacques Cœur, dès-lors si attaché à sa personne, et qui depuis en fut si mal payé. Quoi qu'il en soit, cette ville étoit, au douzième siècle, possédée par des cadets des princes de Déols, les plus grands terriens du Berry.

A quelque distance d'Issoudun on entre dans une assez grande forêt. Ce qui est imposant n'est pas ce qui plaît le plus. Un immense rideau de superbes chênes et de vieux ormes fait un très-bel effet dans le paysage ou dans les coffres d'un souverain; mais celui qui voyage à pied suppose plutôt dans un joli petit bois le sentier verd ou le ruisseau qu'il desire depuis si long-temps. Les plaines les plus riches sont aussi les plus chaudes, et ensuite on trouve une si jolie fraîcheur sous ces demi-futaies qui laissent les noisettes venir à hauteur d'appui; où les mûres, les framboises et les fraises croissent au bruit d'une source, comme dans les bocages du pays de Vaud. Les grands théâtres supposent les grandes actions : dans une vaste forêt l'imagination crée de grands vols, et dans un bois de petits larcins. Dans la forêt, si on a de la crainte, on n'en a qu'une, et celle qu'eut Onah cheminant avec Thady ne lui prit que dans un petit bois. C'est une histoire très-morale arrivée en Angleterre, mais qui peut arriver par-tout où il y a des petits cochons, des petits bois, des pots au lait et de jolies villageoises. Je vais vous la raconter : si vous ne voulez pas la lire, tournez le feuillet.

ONAH ET THADY,

ou

LE PETIT COCHON ET LE POT AU LAIT.

Onah, la rose du jour,
Bonne, naïve, jolie,
Faisoit mourir tour-à-tour
Les jeunes garçons d'amour,
Les filles de jalousie.
Onah plaît sans le savoir;
C'est l'enfant de la nature.
Ses cheveux ont pour parure
Un chapeau mis sans miroir :
Sur sa jupe du dimanche
Elle ajuste un beau corset,
Prison où sa gorge blanche
Lutte contre le lacet.
A Paris, quelle coquette
A si bon marché plairoit?
Sans plus d'atours, ni toilette,
Onah partit un matin
Pour aller au bourg voisin
D'un pot au lait faire emplette.
Le saint du lieu se fêtoit,
C'étoit le jour de la foire;
Et, comme vous devez croire,
Tout le pays y couroit.

AU MONT D'OR.

Le soir vient, à son village
Onah veut s'en retourner,
Thady veut la ramener;
Ils sont tous deux du même âge,
Ils sont charmans tous les deux.
On diroit que la nature,
A plaisir, de leur figure
Arrangea les traits heureux.
Sur un modèle moins tendre
Thady paroît fait pourtant;
Les filles, en le voyant,
Avoient leur cœur à défendre :
Son teint est mâle et noirci,
Sa prunelle est vive et fière,
Mais sous sa longue paupière
Son regard est adouci.
Il rapportoit de la foire
Un petit cochon bien gras,
Et, ce qui tient à l'histoire,
Il le portoit sous son bras.
La jeune Onah sur son guide
S'appuyoit douce et timide :
Pour Thady léger fardeau !....
Et tous deux, pleins d'innocence,
Cheminoient sans défiance
Vers le paisible hameau.
« Onah, dit Thady, je pense
» Qu'en prenant ce petit bois

» Nous gagnerons quelque avance,
» Car il se fait tard, je crois ».
Quel parti prendre, et que faire?
Fillette qui craint sa mère
Ne veut pas arriver tard.
Pressentiment ou hasard,
Onah veut la grande route,
Thady le sentier du bois :
Hélas! des dangers du choix
On diroit qu'elle se doute.
On prend le plus court chemin :
Onah n'est pas courageuse;
Thady, sous sa main heureuse,
Sent trembler un joli sein.
De voleurs qu'un bois fourmille,
Onah craint peu les poignards,
Mais elle sait qu'une fille
Peut courir d'autres hasards.
Thady, plein de bonhomie,
Son cochon dessous son bras,
Jure à sa gentille amie
Que son corps la couvrira,
Fût-ce au péril de sa vie.
Alors Onah vers les cieux
Levant ses jolis yeux bleus:
« Thady, suis-je la première,
» Dit-elle, qui par malheur
» Rencontrant un séducteur,
» Au fond d'un bois solitaire,

» Auroit pleuré son honneur ?
» Ici tout vous abandonne :
» On auroit beau supplier,
» C'est en vain qu'une personne
» Perdroit son temps à crier ».
— « Parbleu vous êtes bien bonne
» De vous alarmer ainsi ;
» Craignez-vous rien, dit Thady ?
» Vous perdez l'esprit, ma chère ;
» Et puis, d'ailleurs, n'ai-je pas
» Ce cochon dessous mon bras ?
» Si j'allois le mettre à terre,
» Quel seroit mon embarras » ?
— « Mais, dit Onah, si le diable,
» Thady, vous disoit un mot,
» Et que vous fussiez capable
» De le cacher sous mon pot.... ».

Le diable parla sans doute ;
Le bois sait ce qu'il a dit.
Moi, je sais bien qu'à la nuit
Ils étoient encore en route.

LETTRE VIII.

Les environs d'Issoudun produisent des vins qui avoient de la réputation dès le treizième siècle. Ils ont figuré dans la députation qui fut envoyée *au gentil roi Philippe, qui aimoit le bon vin, comme ami de l'homme,* dit le fabliau. Son chapelain, l'étole au cou, se chargea de l'examen : il excommunia les vins d'Etampes dès qu'il les eut goûtés. L'impression fut telle, que ceux du Mans et de Tours en tournèrent d'effroi; mais le vin blanc de Poitiers fut rembarré comme il faut sur ses prétentions à l'excellence, par le vin d'Issoudun, qui lui dit au nom des vins de Montrichard, de Busançois et de Châteauroux : *Si vous avez plus de force que nous, nous avons en récompense une finesse et une sève qui vous manquent, et jamais on n'entend ni les yeux ni la tête nous faire des reproches.*

(Fabliau de LA BATAILLE DES VINS.)

Je ne trouve pas étonnant qu'on ait prêté ce propos-là au vin d'Issoudun, et qu'il ait porté la parole. Tout le monde sait qu'à Nanci un gouverneur a fait parler une croix (1). — Passe pour une croix ; mais moi, je connois une écurie qui parle.

A Donaueschingen, au milieu de la cour du palais, il y a une espèce de citerne en pierre de taille, qui peut avoir douze pieds quarrés. De foibles jets d'eau y sourcent de terre, et forment un petit bassin aux pieds d'une figure de vierge nichée dans la muraille. Ceci est plus religieux, quoique moins poétique, que la barbe du *fluviorum rex Eridanus*, ou que la couronne de roseaux du fleuve Sca-

_____

(1) *Voyez* la note à la fin de l'ouvrage.

mandre. Malgré cette naissance obscure, c'est-là le Danube ; c'est cette rigole qui va avoir un lit si majestueux, et cinq cents lieues de cours......... Comment voir sans indignation ce ruisseau illustre détourné pour des usages domestiques, et fournissant devant l'écurie du prince un abreuvoir avec cette même onde qui, rendue à sa destinée, et devenue une des vagues du Pont-Euxin, fera peut-être pâlir dans la tempête tel qui l'a profanée quand elle n'étoit encore qu'un filet d'eau.

Au reste, c'est cette écurie-là qui parle. Sur la porte principale on lit, en lettres d'or :

N. N. N. *Egon, princeps Furstemberg fieri me curavit. Anno*.....

LETTRE IX.

A travers d'assez beaux bois, et après cinq lieues d'une longueur mortelle dans un pays peu habité, on rencontre un hameau nommé Cheizal-Benoît. Dans ce trou-là, chez un aubergiste, on ne trouve rien à manger, mais quelque chose à voir : c'est un petit tableau peint sur bois, de dix-huit pouces, placé dans un cadre de cuivre très-antique. Il représente la plus charmante madone. Le lieu où on la rencontre ajoute la surprise au plaisir. L'homme qui possède ce morceau n'en connoît pas la valeur; mais il y tient parce que c'est un meuble de famille. C'est la différence qu'il y a de lui à ces Turcs qui, sans connoître mieux leurs monumens, n'y sont attachés que parce qu'ils sont là.

De Cheizal-Benoît on descend dans la ville de Linière, qui a un assez beau château moderne, de vieilles murailles et des fossés. Les châtelains s'appeloient barons et même princes : ils ont pu avoir aussi une marine, car dans l'étendue de leurs états, tout auprès de la capitale, est l'étang de Villiers, qui a huit ou neuf lieues de tour.

Entre Linière et Culant on trouve les vestiges d'une maison religieuse. Elle n'a pas été vendue, mais détruite de fond en comble. En voyant la quantité de ruines dont la révolution a enrichi le sol français, on ne peut pas se refuser à une réflexion : c'est qu'assurément dans le temps de la décrépitude on alloit voir des ruines par curiosité, au lieu qu'aujourd'hui que l'on sort de la crise de la régénération, on contemple avec une sorte d'étonnement les monumens qui y ont survécu. J'en attesterois le portail de Reims et la superbe abbaye de Marmoutiers, si on ne les abattoit pas dans ce moment (1).

Auprès d'Orsan, au pied de cette vieille tour qu'on appelle le Châtelet, l'œil s'arrête avec moins de regret, j'en suis d'accord. Personne n'est plus prévenu que moi contre l'obéissance qui raisonne; mais quel temps aussi que celui où le négociant, le voyageur, où celui qui perdoit de vue le clocher de sa paroisse, étoient obligés de payer un droit de passe arbitraire au maître du donjon qu'ils trouvoient à chaque quart

---

(1) Une chose étonnante, si quelque chose pouvoit étonner alors, ce n'est pas que la vente de Marmoutiers, deux fois annullée, ait enfin été confirmée en faveur des acquéreurs, qui étoient eux-mêmes les vendeurs, et qui eurent ce superbe édifice pour 20,000 francs au plus : ce n'est pas qu'on se soit hâté de vendre les plombs, les toitures, les pierres de taille ; mais l'étonnant, c'est que le directoire y ait envoyé loger huit cents vétérans, croyant ce monastère encore à lui.

de lieue ! Il ne faut pas se dissimuler
que c'étoit pour appuyer cette percep-
tion que la plupart de ces pierres-là
furent mises les unes sur les autres ; car
si ces châtelains protégeoient quelquefois
le pays, le plus souvent ils se battoient
contre leurs voisins, ou même contre
leur prince. Aussi, en lisant leur histoire et leur code civil, en voyant les
restes de ces redoutables observatoires
juchés sur des endroits si escarpés, on
pense au milan, qui se place bien haut
pour voir son gibier de plus loin.

LETTRE X.

Nous fûmes de-là coucher à Culant. Je vois bien pourquoi vous riez, lecteur; n'est-ce pas que vous pensez à la belle de Culant et à la chanson ? Pensez plutôt à l'amiral de Culant, qui n'avoit pas un minois si chiffonné; pensez aux sires de Culant, ses aïeux, qui partageoient la succession des princes de Déols dès le treizième siècle; pensez à ses neveux qui, entr'autres services rendus au roi Charles VII, maintinrent le Berry sous son obéissance; mais alors on mettoit au rang de ses devoirs de servir son prince, qui ne se servoit pas lui-même (1).

---

(1) Il est constant que Charles VII ne fit rien par lui-même, et que Dunois, Richemont son connétable, La Hire, Saintrailles et Jeanne

Il y eut un amiral de Culant, un maréchal de Culant, un grand-maître de Culant, un grand-bailli de Culant, une belle de Culant. De l'amiral, du maréchal, du grand-maître, du grand-bailli, de la jolie femme, tout ce qui reste, c'est la chanson.

Culant est bâti dans un fond. Une foire considérable s'y tient tous les mois. L'endroit est laid, et les maisons sont couvertes en hallebardeaux. La tuile, ici, est *seigneuriale,* parce qu'elle est rare ; mais il n'y a pas de *jeux de combles,* ce qui est bien plus seigneurial encore, à ce que j'ai entendu dire.

Le lendemain, nous dîmes adieu de très-bonne heure à notre hôte, M. La......*perfidus hic caupo,* qui nous procura un guide pour nous conduire à cinq lieues.

---

d'Arc firent tout pour lui et sans lui. Aussi, si on l'appela *Charles le Victorieux*, l'appela-t-on encore *Charles le bien servi.*

Nous découvrîmes avec chagrin combien cet aubergiste étoit intéressé. Le pauvre hère tout déguenillé qui nous menoit, alloit comme un cheval au trot ; il avoit près de dix lieues à faire, en comptant le retour. Le coquin de La......... nous avoit demandé un écu, et le malheureux guide nous dit qu'il ne lui revenoit que huit sous sur cet écu, le vieux juif profitant du reste. Voilà pourtant ce qui passoit dans le pays pour un honnête homme. Aussi j'ai eu un vrai plaisir à apprendre depuis que le fripon avoit été condamné aux fers pour avoir fait de faux billets. *Rarò antecedentem....* C'est dommage qu'il faille attendre ; mais nous sommes pressés, parce que la vie est courte. Ce n'est pas une considération pour ce pouvoir, qui dirige la justice distributive. *Dieu est patient parce qu'il est éternel,* dit saint Augustin.

LETTRE XI.

Presque tous les hommes se trompent et sont trompés. Je dis cela avec autant de confiance que ce capucin qui, prêchant devant Louis xv, disoit : Sire, *presque tous les hommes sont mortels*, de peur que le roi ne prît la chose pour lui. Je m'applique courageusement la sentence. Je me trompe donc beaucoup trop souvent, mais je ne me suis jamais trompé d'une manière aussi risible que sur le compte d'un homme qui demeure dans ce pays, à la hauteur de Culant et de Bruère (1). C'est un homme public,

---

(1) Près de Bruère on a trouvé récemment une borne romaine : le duc de Charost, que les amis de l'humanité regretteront comme son bienfaiteur, a fait construire au milieu de la grande route un piédestal pour la placer. Tout cet édifice assez insignifiant lui a coûté, dit-on, plus de deux mille écus ; mais heureusement sa philanthropie a souvent été mieux dirigée.

puisqu'il est maire de l'endroit, et qu'il donne de l'avoine aux chevaux et des omelettes aux passans qui lui donnent le prix convenu gratis aussi. Il parloit beaucoup et très-violemment ; je n'étois pas édifié de son intolérance, quoiqu'elle me parût tenir à de vieux principes. Mon voisin, disoit-il, c'est un malheureux, c'est un coquin ; il a acheté le prieuré qui est là-bas ; il l'a eu pour un morceau de pain..... Est-il possible que je fusse absent quand on l'a vendu ? Je vous demande si ce bien-là me convenoit, et si je l'aurois laissé échapper ?

Cette chute me rappelle un trait de caractère qui ne manque pas d'analogie. Les mots d'émigration et d'erreur, d'émigrés et d'infortunés ne sont plus si loin l'un de l'autre depuis que les idées libérales ont enseigné les idées modérées : le *væ victis* n'est plus la devise des descendans de Brennus :

> Vous connoissez la fameuse campagne
> Dont le grand roi qui logeoit à Berlin,

Venu si tard, reparti si matin,
A fait la peur aux plaines de Champagne :
Paris troublé crut ouïr son canon;
Il vint, il vit, il eût vaincu sans doute;
Mais arrivé sous les murs de Châlon,
Il n'osa point passer le Rubicon....

Je n'ai voulu qu'indiquer poétiquement l'époque du trait que je cite : je quitte ce ton, d'abord par insuffisance ; ensuite je ne pense pas que mon récit doive être gai ; il suffit que la moralité soit vraie. Après la campagne de Châlons donc, un de mes amis se retirant à Lausanne, fut forcé de donner en chemin pour trois louis, un cheval qui en valoit cinquante. Il racontoit cette circonstance entre mille autres, à de bons Suisses, d'ailleurs riches, qui l'écoutoient avec beaucoup d'intérêt : un d'eux, et ce n'étoit pas celui qui l'aimoit le moins, lui dit naïvement : Oh ! pourquoi ne nous avez-vous pas gardé ce bon marché-là ?

LETTRE XII.

En traversant ces chemins solitaires semés de quelques pauvres hameaux, ces gorges assez stériles, mais quelquefois pittoresques ; ces grands bois de peu rapport qu'exploitent des sabotiers, et ces landes où quelques bestiaux et quelques chevaux vivent sur leur bonne-foi ; depuis Culant enfin jusqu'au-delà d'Huriel, on marche encore sur les débris de cette antique principauté de Déols, si fameuse dans la tradition du pays. Tous ces différens lambeaux, depuis Issoudun jusqu'à Châteauroux et Montluçon, ont formé des fiefs particuliers, dont l'étendue excède beaucoup la valeur. Au bout de cinq grandes lieues on découvre, à mi-côte, un grand bâtiment à trois étages, couvert en tuiles. La façade toute uniforme, les fenêtres également espacées depuis le haut jusqu'en bas, lui donnent de ce côté, l'air d'un couvent ; mais en approchant, on voit aux fossés pleins d'eau, aux ponts-levis, et au genre de la construction générale, que c'est **un des châteaux du pays**. — J'entends ici le lecteur qui murmure :

« S'il rencontre un palais, il m'en dépeint la face,
» Et me promène après de terrasse en terrasse ».

Mais je ne puis m'empêcher d'ajouter à ma description que des fenêtres du salon, c'est-à-dire dès le rez-de-chaussée, on a la vue la plus vaste et la plus rare. L'horizon, dans un temps calme, offre pour repos le Puy-de-Dôme, qui s'élève solitairement en face, et la brillante chaîne des Monts d'Or, qui étendent sur la droite leurs sommets couverts de neige dans toutes les saisons. On se croit tout auprès, et il y a une distance de plus de quinze lieues.

Je vous ai parlé du château, parlons à présent du maître.

Jules est un jeune homme à qui il manque prodigieusement de choses pour ressembler aux autres jeunes gens. Il a beau forcer son bon naturel, il ne peut pas y parvenir. Il a de l'amour-propre ; il lui faudroit de la suffisance. Il cherche bien de temps à autre à attraper quelques-unes de leurs manières affectées ; il n'y a personne à qui l'affectation réussisse moins qu'à lui. Le fond est solide, il est même cultivé. Il lui manque cette ignorance baptismale, la seule chose peut-être qui rapproche la plupart de ses jeunes émules de leurs glorieux ancêtres. Je ne sais pas s'il est persuadé qu'un homme ambitieux avant trente ans, est comme ces fruits qui se corrompent avant d'être mûrs ; mais il n'est pas capable de passer de l'émulation à la jalousie. Beaucoup de précieuses qualités ont germé en lui, il suivra leur impulsion jusqu'aux limites où elles commenceroient à s'appeler des défauts. Il doit cet heureux instinct à la crainte, ou au desir d'être approuvé plus ou moins, de lui-même. Je dis de lui-même, car il paroît (sa discrétion naturelle réduisant aux conjectures) qu'il n'a encore été ni bien ni mal conseillé par sa maîtresse. Il n'y a, dit-on, que cette voix-là qui détermine l'enthousiasme. Jusque-là, même dans une ame forte, il est vague et incertain.

« L'amour qui nous instruit et qui forme nos
» cœurs,
» Devient une vertu, loin d'être une foiblesse ;
» Et l'on doit, tous les jours, ses plus grandes
» erreurs
» Au mauvais choix d'une maîtresse ».

BOISSI.

Au reste, peut-être Jules ne courroit-il pas beaucoup après des maîtresses, s'il falloit les poursuivre très-loin, et je pense qu'il n'auroit pas voulu d'une nuit de Cléopâtre au prix coûtant (1).

---

(1) « Cleopatra tantæ libidinis fuit, ut sæpe prostiterit; tantæ pulchritudinis, ut multi noctem illius morte emerent ».

(AURELIUS VICTOR.)

LETTRE XIII.

Ce pays-ci n'a déjà plus la monotonie des plaines; ses éminences ne sont pourtant pas encore des montagnes; mais il y a telle hauteur d'où l'on découvre sept provinces. La température est si inconstante, qu'on n'est guère un mois entier de l'année sans se chauffer. Pour les habits d'été, on ne les connoît pas. Le vent souffle si violemment, qu'il ne peut y avoir que des moulins à eau. Il vient dans tout ce pays beaucoup plus de seigle que de froment; les bœufs servent au labourage, et dans beaucoup de terreins, même très-plats, les sillons sont circulaires. La raison en est que le sol, en général, porte sur un lit très-dur, d'une espèce de marbre qui n'est pas même bon à faire des statues, et c'est grand dommage. On a trouvé qu'avec ces sillons circulaires le soc heurtoit le tuf par un seul point à la fois, et qu'il en résultoit moins d'accidens pour les bœufs. Ce n'est pas-là le pays de Flore ni de Pomone : il y a peu de fruits, encore moins de fleurs. C'est le pays des enfans de Borée, et des plus froids, car il gèle blanc presque tous les mois, et souvent la faulx du moissonneur rencontre au mois d'août des glaçons dans les bas-fonds. Les grands chemins sont si éloignés, que les grains les plus abondans perdent moitié de leur valeur, faute de débouchés. Il en est de même des bois ; ils viennent pourtant bien ici ; car lorsque le cardinal de Richelieu fit construire, pour jouer ses pièces, le théâtre qui devint depuis l'Opéra, on employa dans la charpente huit chênes de vingt-trois toises chacun : on les avoit cherchés dans toutes les forêts du royaume; on ne les trouva qu'en Bourbonnois : il en coûta 8000 livres pour les amener, ce qui fait plus de 14000 francs de notre monnoie actuelle, le louis ne valant guère alors que 15 francs.

Dans le parc du château de L...., un homme qui avoit autant de patience que d'instruction, exécuta sur un terrein de six cents toises quarrées, le projet de parterre géographique offert autrefois au public sur un plan bien ridicule. L'auteur y proposoit de marquer les limites de chaque royaume, de chaque province par des plantes de diverses espèces. A chaque point où sont les villes, villages, bourgs et châteaux, on auroit placé des caisses et des pots de fleurs ; on devoit tracer les fleuves, rivières et ruisseaux par des sables de différentes couleurs. Nous ne voyons pas qu'un projet d'une aussi immense exécution ait tenté personne. Celui dont je parle ne demanda que du travail et de l'exactitude. C'étoit un planisphère copié sur une plus grande échelle; il n'y avoit de sensible que les contours des continens et des îles, les golfes, les baies, les archipels se trouvoient figurés avec intelligence et vérité; mais l'intérieur des terres n'étoit pas marqué, il étoit en rapport, le Spitzberg comme le désert de Barca. Toutes les côtes étoient en gazon, et toutes les mers étoient en bled. La précision, et sur-tout la netteté des contours faisoient qu'il n'y avoit nulle confusion, et que l'ensemble comme les détails offroient à l'œil un tableau fort agréable. Mais ce sont toujours là de ces travaux ingrats qui ne paient leur auteur ni de ses peines, ni de son talent, et qui pour ceux qui n'en jugent pas par leurs yeux, n'ont que le mérite de la difficulté vaincue.

LETTRE XIV.

Je ne veux pas oublier que j'ai vu dans le même pays une noce. Je sais bien qu'on se marie par-tout depuis que l'esprit, après avoir soufflé sur les eaux, et naturalisé ici-bas l'espèce humaine, a dit : *Crescite et multiplicamini* ; vœu qui, par parenthèse, n'a jamais été mieux rempli que depuis quelques années, d'après les tableaux de notre statistique, soit que par une loi de compensation la nature porte à réparer quand elle ne peut pas empêcher qu'on dispense ; soit que la masse multiplie pour se distraire, par la même raison qu'on boit, qu'on met à la loterie, ou qu'on se fait dire la bonne aventure.

Ce n'est pas une noce riche dont je me suis trouvé témoin. Ici le paysan est pauvre, et n'en vaut pas mieux. Il y avoit cependant 1500 francs de dot, ce qui est bien quelque chose, puisque tout est relatif, et que communément dans le pays une femme revient à dix écus rendue sur le chevet. — De l'église on conduisit les mariés dans le lieu où les attendoient les préparatifs de la noce. Ils s'assirent côte à côte, et l'époux, avec la simplicité primitive, passa une jambe sur les genoux de sa nouvelle épouse, et lui donna devant tout Israël le premier baiser conjugal. Il ne se doutoit pas que c'étoit ainsi que commençoit jadis l'exercice du droit de *cuissage*. Le souvenir n'étoit pourtant pas étranger au lieu, car c'étoit la salle la plus solide du vieux château de Q..... Le banquet avoit été préparé dans une grange, dont une moitié servoit d'étable à bœufs. Figurez-vous la table couverte de victuailles, entourée de convives où dominoit le sexe féminin. Représentez-vous précisément en face des époux, à travers cette cloison de soliveaux à claire-voie, quinze bœufs passant leurs larges têtes avec leurs gros yeux et leurs cornes alignées. C'est bien pis qu'*un éclair du côté droit, qu'un clou crochu,* ou *une corneille qui crie dans le creux d'un vieux chêne.* Il faut que ces gens-là ne soient pas superstitieux.

C'est ici le cas de remarquer que la noce étoit double : c'étoient le père et le fils qui se marioient en même temps ; et ce qu'il y avoit de patriarchal, c'étoit que les deux lits nuptiaux étoient bout à bout dans la même chambre. Une *chabretaine,* ou en français un joueur de musette, donnoit le signal des divertissemens de la journée. Il rappeloit de la danse à la table, et de la table à la danse. Je n'avois encore vu de musettes qu'en peinture, et je n'en avois entendu que dans les pastorales de Fontenelle, des Houlières, Florian et autres poètes moutonniers. Quelle harmonie nasillarde ! au reste, l'instrument étoit digne de la danse; c'étoient des bourrées auvergnates, aussi éloignées des graces montagnardes que le patois de ces gens-ci l'est du français ; c'étoit une monotonie, une pesanteur, une roideur de mouvemens, un bruit de sabots, une odeur !.... Il faut convenir que si toute cette nature-là représente l'âge d'or, elle ne le fait pas regretter.

LETTRE XV.

Après avoir fait quatre lieues sur la route de Limoges, on arrive à Montluçon, dont le prince de Condé étoit seigneur, et où, comme tel, il avoit le droit de faire payer sur le pont du château quatre deniers, ou *un pet* aux demoiselles d'alégresse qui venoient faire leur état dans la ville, et pareillement une amende aux femmes qui battoient leurs maris (1). En traversant un pont de pierre de cinq grandes arches, auquel il

---

(1) « Item in et super quâlibet uxore, maritum suum verberante *unum tripodem;* item in et super filiâ communi sexûs videlicet virilis quoscumque cognoscente, quatuor denarios semel, aut *unum bombum,* sive vulgariter *un pet* super pontem de castris Montislucii solvendum ». (*Aveu rendu à la Chambre des Comptes en 1748.*)

ne manque que de l'eau, comme à celui du Mançanarès, je vis à deux cents pas au-dessous un homme qui passoit le Cher, lequel n'est-là qu'un filet d'eau pendant cinq mois de l'année, et il le passoit à gué sur les épaules de sa femme. Je compris que les femmes, dans ce pays-là, pouvoient battre leurs maris; mais de peur d'encourager un pareil exemple, je me hâte d'ajouter que les femmes n'ont jamais commis impunément un délit si grave. Chez les Français on voit qu'elles payoient une amende; chez les juifs elles sont obligées d'allumer la lampe à l'heure du sabat, en expiation du péché d'Eve qui, après avoir mangé du fruit défendu, prit un bâton et en frappa son mari pour le forcer à commettre le même crime. Voyez, si vous en doutez, le *Supplément à l'Histoire des Juifs*, par le savant M. Basnage (1). — Mais voilà qu'en prou-

---

(1) D'ailleurs il existe un poëme *sur la Chute de l'Homme*, où un archange envieux du bonheur de nos premiers parens, se métamorphose en serpent;

vant combien l'exemple est dangereux, je prouve combien il est ancien. *Incidit in scillam* .....

Le lieu où je reçus l'hospitalité à Montluçon, fournit carrière à mes réflexions. C'étoit la maison, qu'en sortant de Pignerol, habita le célèbre Fouquet. La nuit, dans ces momens de recueillement qui précèdent le sommeil, en voyant ces grands panneaux, ces boiseries gothiques qui sont ce qu'elles étoient alors ; en me voyant enfin dans cette même enceinte où il a respiré plus librement, je répétois ces vers qui firent tant d'honneur à La Fontaine :

« Les destins sont contens ; Oronte est malheu-
. » reux » !

. . . .
. . . .

---

son moyen pour séduire Eve, fut de lui enseigner le systéme de Copernic. Voy. *la Chute de l'Homme*, poëme en sept chants, par M. Durand. — La Haye, 1730.

Je repassois la destinée entière de cet homme si connu ; je le voyois recevant son maître dans le château de Vaux, et Louis XIV ayant la honteuse velléité de le faire arrêter au milieu de la fête ; je le voyois à la Bastille, en face de Pélisson ; je le voyois à Pignerol, prenant Lauzun pour un fou, quand celui-ci lui disoit qu'il avoit épousé Mademoiselle ; enfin je le voyois à Montluçon, à moitié coupable, puisqu'il ne fut qu'à moitié puni, et je me reportois sur-le-champ à ce contraste étrange, et si voisin de sa longue disgrace et de la grande existence qu'acquirent le maréchal de Belle-Isle et le comte de Gisors. Quel champ pour l'observateur à tempérament bilieux, que le sort du surintendant Fouquet ! quelle victorieuse réponse fournit à l'observateur de tempérament sanguin le sort de sa glorieuse postérité !

Le philosophe méditera dans la maison de Fouquet ; mais Greuze iroit exprès à M......

LETTRE XVI.

LAVATER de la peinture, sensible Greuze, toi qui fixois sur la toile, avec tant de vérité, ces physionomies heureuses où se peignent des affections douces, regarde Eu........., et avoue que tu recommencerois ta Laitière (1). Ta Laitière est bien séduisante, mais si Eu.... en jupon court, un pot au lait sur la tête, passoit à côté, je ne crois pas que les oiseaux ayant le choix, becquetassent les raisins de Zeuxis. Mais, toute jolie qu'elle est, la beauté de Greuze est immorale, et Eu.... n'est sortie d'un saint bercail que pour subir un joug aussi saint et plus naturel. Greuze, ce n'est pas ta Laitière qu'on voit à M.........

---

(1) Voyez l'*Epître à la Laitière, de Greuze*, par M. de Choisy.

c'est la jeune épousée du voyage d'E-
ponne (1). Peins la jolie, l'ingénue créa-
ture que Desmahys a chantée, et tu co-
pieras Eu........

Ce n'est pas que le sage Memnon n'eût
probablement dit d'elle ce qu'il disoit en
voyant une beauté parfaite, avant que
son éducation fût achevée : « *Ces beaux*
» *yeux seront bordés de rouge ; ces joues-*
» *là se rideront ; cette belle tête devien-*
» *dra chauve* ». Mais ce n'étoit pas là ce
qui me frappoit en la regardant. Je répétois : « *Beau et bon sont cousins, et s'ex-*
» *priment par même mot* (cakos) *en grec*
» *et en l'écriture sainte* ». Cela est bien
raisonnable, car on suppose toujours
cette union tacite. Le crime et la perfidie

---

(1) « La jeune épouse de la veille,
Tout à la fois pâle et vermeille,
Avoit encore l'air étonné ;
Et, tout-à-tour heureuse et sage,
Laissoit lire sur son visage
Le plaisir qu'elle avoit donné ».

2

paroîtroient à leur place sous une figure repoussante ; ils ont de tout temps révolté davantage, quand on les a rencontrés sous des dehors séduisans. « *Ceux qui dementent leur bonne physionomie,* » dit Charron, *sont plus punissables que les autres ; car ils falsifient et trahissent la promesse bonne que nature a plantée en leur front ; et trompent le monde* ».

Socrate appeloit la beauté *une courte tyrannie*. C'étoit aussi sur les derniers jours de ce règne souvent si despotique, que je reportois mes idées. Je me disois : qu'elle seroit à plaindre la jolie femme qui placeroit tout son bonheur dans les louanges, les hommages, les regards dont elle est l'objet !

« Tant qu'on est belle, il est vrai qu'on fait naître
Des desirs, des transports et des soins assidus ;
 Mais on a peu de temps à l'être,
 Et long-temps à ne l'être plus ».
    Des Houlières.

Ce n'est pas que de tous les souverains ce

ne soit le moins aisé à tromper, car une jolie femme sait toujours ce qu'on lui veut; mais l'empire est promptement révolu; le silence succède aux échos flatteurs, l'isolement à la foule adulatrice. « *J'ai vu souhaiter d'être femme*, dit la » Bruyère, *depuis treize ans jusqu'à* » *vingt-deux* ». Comment donc toutes celles qui, au milieu de l'ivresse éphémère, ne se sont pas préparées à vieillir, ne meurent-elles pas de chagrin de se survivre ? C'est que l'amour-propre leur tient lieu de philosophie. Dès qu'une femme s'est regardée dans un miroir, une vérité mathématique pour elle, c'est qu'elle est mieux que toutes les autres. A la longue, on convient qu'on n'est plus mieux, on ne se croit plus qu'aussi bien. Une femme ne descendra pas davantage. On ne la recherche plus, tout est morne autour d'elle : elle n'y voit pas autre chose, sinon que les hommes sont mal élevés, et qu'on étoit bien plus honnête autrefois.

La bonne fée qui recevroit un enfant naissant, ne lui destineroit pas une si sotte existence. Pour l'en garantir, elle lui diroit : Je veux que tu plaises; je peindrai sur ta figure la finesse et la bonté. Tu auras un joli sourire; la franchise et la confiance rendront prompts tous tes mouvemens; tu auras de la malice, et des graces. Je te laisserai choisir entre les conseils d'une tête vive et ceux d'un bon esprit. Ton heureux instinct te servira comme j'aurois fait moi-même, il n'y aura pas une bonne pensée que tu n'ayes, pas une bonne action que tu ne veuilles faire. Tu aimeras qu'on t'aime, et tu plairas toute ta vie, parce que toute ta vie tu auras l'esprit de ton âge. Vis, ma fille, et appelle-toi Louise.

Mais revenons à Eu....; la transition n'est pas forcée. Tout ce qui plaît se touche dans les souvenirs. Une campagne solitaire et Eu.....!

Full many a flower is born to flush unseen
And waste its sweetness in the desert air (1).

GRAY.

---

(1) Ainsi croît la rose ignorée,
   Dont l'éclat, loin des yeux, se perd.
   Ses couleurs charmeroient la vue,
   Son odeur embaumeroit l'air ;
   Mais elle fleurit inconnue,
   Mais elle parfume un désert.

LETTRE XVII.

Près de M....... est un écho qui a de la réputation, et qu'on va entendre parce que tout le monde ne connoît pas ceux de Woodstok, de Coblentz et de Simonette (1). Celui de Bel....... est simple et syllabique; il nous répéta distinctement trois mots, ce qui ne prouve pas qu'il ait une opinion à lui; mais il est toujours de l'avis du dernier qui parle. C'est ainsi qu'étoit le vicaire de Bray, qui s'en est si bien trouvé. Je pourrois

---

(1) On dit que l'écho anglais répète dix-sept syllabes le jour, et vingt la nuit: celui du Rhin, dix-sept fois le même mot; celui du château de Simonette, près de Milan, quarante fois. Depuis quelques années, il a répondu aux chansons de mort et aux cris de victoire dans bien des langues, tour-à-tour.

vous raconter comment il faisoit ; mais il vaut mieux que vous l'entendiez lui-même.

« Sous le règne heureux du bon roi
» Charles, temps où la loyauté n'étoit
» pas un crime, j'étois le zélé serviteur
» du haut clergé, et, par ce moyen, je
» fus placé. Jamais je ne manquai de dire
» à mon troupeau : les rois tiennent leur
» trône de Dieu, et ceux qui osent résis-
» ter à l'oint du seigneur, ou porter la
» main sur lui, sont damnés. — Et voilà,
» monsieur, la règle que je suivrai jus-
» qu'à mon dernier jour, afin que, quel
» que soit le roi régnant, je sois toujours
» le vicaire de Bray.

» Quand le roi Jacques monta sur le
» trône, et que le papisme devint à la
» mode, je trouvai que le régime de
» l'église romaine me convenoit, et
» sans la révolution, je me serois fait
» jésuite. — Et voilà, monsieur, la rè-
» gle, &c. &c.

» Lorsque Guillaume fut déclaré roi
» pour le plus grand avantage de la na-
» tion, je me tournai du côté où ce nou-
» veau vent souffloit, et je fis mon ser-
» ment. Je ne dis pas ce qu'il en coûta
» à ma conscience. — Et voilà, mon-
» sieur, &c. &c.

» Lorsque la reine Anne, la gloire de
» l'église anglicane, devint notre souve-
» raine, je me fis tory......; et voilà,
» monsieur, &c. &c.

» Lorsque Georges vint à nous gou-
» verner, et que les modérés reprirent
» faveur, je devins whig.....; et voilà,
» monsieur, la règle, &c. &c.

» A l'illustre maison de Hanovre, et
» à toute la ligue protestante, je promets
» obéissance tant qu'elle régnera, car je
» serai toujours un bon et fidèle sujet,
» et Georges sera mon prince légitime.....
» à moins que les choses ne changent; et
» voilà, monsieur, la règle que je suivrai

» jusqu'à mon dernier jour, afin que,
» quel que soit le roi régnant, je sois
» toujours le vicaire de Bray (1) ».

Entre bien des gens et le vicaire de Bray, il n'y a que la franchise de différence.

---

(1) English song intitled : *The vicar of Bray*.

LETTRE XVIII.

Jusqu'ici le terrein est montueux; mais à une lieue de M...... les gorges des montagnes commencent. La nature offre dès-lors cette variété de scènes qui changent si rapidement, et qu'on aime tant à voir se varier. Ici, c'est une lande en dos d'âne, où la vue se trouve arrêtée par un grand arbre isolé ; et d'un regard , vous descendez sur de vastes plaines couvertes d'arbres et de moissons. De l'autre côté, l'aspect est tout sauvage, c'est une gorge. Vous ne voyez que des bois, des bruyères et le triste château de la Rochette, où l'on perche plutôt qu'on ne couche. Le chemin tourne si court, de cinquante pas en cinquante pas, qu'il semble toujours finir là; il est mauvais par-tout, mais par-tout pittoresque. Le paysage n'est plus sauvage, il est agreste, solitaire : vous êtes au fond de la vallée, il y fait frais. Le chemin suit le long des prairies, où chaque brin d'herbe a son parfum montagnard. Partout il est voisin du ruisseau, et par-tout bordé d'arbustes, d'églantiers et de toutes ces fleurs qui viennent là plus simples, mais plus jolies à rencontrer que par-tout ailleurs.

C'est aussi dans cet endroit (Saint-Pr....) que trois personnes et le cheval attelé à un charaban, seule voiture qui soit propre à de pareils chemins, trouvent du pain, du vin, du lait, du jambon et de l'avoine pour trente-deux sols. — Cette modération dans le salaire s'accordoit parfaitement avec la figure ouverte, les paroles franches et le bon naturel de notre hôte. Ses traits étoient aussi beaux que ses idées étoient saines : l'un est souvent une suite de l'autre. Son esprit de justice lui faisoit tenir tête à un vieil agent, énergumène à la Couthon, et à un autre homme qui faisoit le beau parleur. Il étoit question de la répartition de l'impôt foncier. On ne pouvoit réunir plus de respect pour les loix, à plus de sens et d'équité dans les observations. Ajoutez-y un vernis d'énergie, que les mots secondoient merveilleusement. — Le bel esprit se tenoit à égale distance de l'animosité de l'un et du bon sens de l'autre ; mais il leur imposa, et il y avoit de quoi, en leur citant l'histoire, je ne sais trop à quel propos. Il leur dit que des *poitres* (c'est-à-dire des prêtres) sous Catherine de Médicis, étoient parvenus à faire condamner au feu un *poitre* hérétique ; que quand on alluma le bûcher, cela le brûla, et qu'il s'écria : *Ah dieu !* — Vous y croyez donc, lui répondit-on ? — A quoi il repartit : je nie la conséquence. — C'est de cette manière grotesque que le supplice d'Urbain Grandier, Richelieu qui l'ordonna, Louis XIII qui le souffrit, occupoient une case de son cerveau. Que de gens retiennent ainsi, et ne se croient pas aussi peuple que cet Auvergnat ! — Cette réflexion me donne de l'humeur contre les éditions stéréotypes avec lesquelles la considération de la bourse me raccommoderoit pourtant. Mais je songe aussi à un médecin qui connoissoit mieux le corps que le cœur humain. Il me disoit, dans le temps, qu'il ne seroit satisfait que quand son cordonnier pourroit acheter Voltaire et Rousseau. A la même époque, je passois vers onze heures du soir devant la porte d'un homme qui reconduisoit un de ses amis ; et comme celui-ci l'invitoit à venir un autre jour manger sa soupe, je l'entendis répondre avec gravité : « Nous » *organiserons* cela ». Je crus que c'étoit un législateur ; à la lueur de la lanterne je vis que c'étoit un serrurier.

 Enfin, pour nous laisser de lui tous les souvenirs de bienveillance, notre bon hôte monta à cheval à notre départ, et nous guida plus d'une lieue, ne voulant nous quitter que quand il fut sûr que nous ne nous tromperions pas de route, assurant que s'il le croyoit, il iroit encore plus loin. Il finit par refuser le nouveau salaire qui nous paroissoit si juste; nous n'insistâmes pas; nous l'aurions désobligé ; mais nous conclûmes qu'il falloit venir aussi loin pour trouver un homme qui raccommode avec l'espèce.

LETTRE XIX.

A Pontaumur, les effets de tableaux s'agrandissent, les ruisseaux deviennent des torrens, et les gorges des précipices. Pontaumur est au fond, sur le bord du Sioulet, et c'est de-là qu'on monte à C.

Quel bel exemple, quelles touchantes réflexions offre la piété filiale avec laquelle une chanoinesse de dix-sept ans a relevé ici les ruines de sa maison paternelle ! Sans autre ressource que l'intérêt qu'inspiroient sa personne, son isolement et sa constance, elle est parvenue à empêcher cet héritage d'être déchiré nationalement.

A quelque distance de C. sont les ruines de l'ancien château : il est sur une montagne nommée le Puy de Ch.......

Il y en avoit deux autres qui étoient bâtis au même niveau, sur des hauteurs voisines, dont l'une s'appelle encore le Puy Gui...., et l'autre le Puy d'Ai....

Tout ce pays est volcanisé. Le vieux château de Chal...... étoit construit de basaltes qu'on croit être sorties du Puy d'Ai...., regardé comme le père des deux autres. L'explosion qui détruisit le château a couvert les environs de blocs volcaniques de toutes les tailles, sur lesquels on marche, sans concevoir de quelle autre manière ils y auroient été apportés, puisqu'on ne voit aucun vestige qui annonce qu'une lave ait coulé dans le voisinage. Ce pays, où commencent les vraies montagnes, ouvre déjà le champ le plus intéressant aux souvenirs et aux observations. La présence des feux souterrains qu'on n'y redoute plus, se décèle par les traces qu'ils ont laissées de toute part : le minéralogiste a partout une abondante moisson. Le feldspath, le quartz, le mica, le tripoli, donnent à la pierre une variété que l'œil recherche et que l'expérience reconnoît. L'améthyste habite déjà la gangue grossière et ternie sous laquelle le marteau du curieux la soupçonne et doit la trouver. L'antiquaire lui-même sent avec émotion se réveiller son intérêt ; ce pays mérite déjà ses regards. Les Romains y ont passé, et ces conquérans d'une espèce extraordinaire ont laissé par-tout des traces qui empêchent de les méconnoître. Près de C....., des cippes agrestes, mais aussi éternels que le nom romain, témoignent que leurs légions ont occupé ce pays, et qu'elles y ont rendu les devoirs funèbres à quelques chefs illustres. Près de-là on a trouvé des urnes, des vases étrusques, des statues, et entr'autres une Agrippine qui fut offerte en présent à madame Adélaïde.

L'imagination relève aisément ces gros donjons du Puy de Ch......, du Puy Gui...... et du Puy d'Ai....... Vous voyez les trois châtelains ennemis se saluant de siècle en siècle, d'abord avec la catapulte, ensuite avec le fauconneau. Ces exemples ne sont pas si rares, et il n'y a que neuf ans qu'un baron allemand de la rive droite marcha à la tête d'une armée de quarante hommes contre le prince de New....., qui n'en avoit que trente-trois ; mais un corps d'émigrés français, qui se trouvoit dans le voisinage, se déclara pour le prince, et le baron fit une paix honteuse.

Au reste, les seigneurs de ces trois pays ne se battoient pas ensemble. Au contraire, ils étoient réunis pour le malheur de tout le voisinage, et sur-tout du sexe.

« Chaque matin leur meute meurtrière
Se répandoit dans les bois, dans les champs,
Donnoit l'alarme à la province entière,
Et renversoit les bleds encor naissans.
Le laboureur fuyoit dans sa chaumière,
Et sur son dos emportoit ses enfans.
Ce n'étoit rien : vrai fléau des familles,
A travers prés, dans leur emportement,

Ils s'en alloient donnant la chasse aux filles,
Qu'ils violoient impitoyablement.
Au coin d'un bois, le long d'une garenne,
Ils vous happoient un tendron effrayé;
Ils violoient en chambre comme en plaine.... ».

DORAT.

Le roi instruit de leurs déportemens, les envoya assiéger, et comme ils se défendirent, on fit sauter le Puy de Chal...., on rasa les deux autres. Le fait est constant dans la tradition du pays; mais un autre fait particulier à la famille, et qui est plus innocent, c'est que le roi (n'importe lequel) ayant défendu à un des aïeux de se présenter devant lui à pied ou à cheval, le gentilhomme reparut à la cour, académisant un joli petit taureau qu'il avoit dressé *ad hoc*.

Messieurs de B...... prétendent que c'étoit un seigneur de leur nom qui avoit l'honneur d'être dans ce sac de cuir, quand on crioit sous Charles VI : *Laissez passer la justice du roi*, avant de le jeter

dans la Seine derrière Saint Landry (1).
Ce qu'il y a de sûr, c'est qu'il y avoit
quelqu'un dans le sac, ainsi la morale
subsiste toujours.

« Oui, de ceci l'instruction est claire,
Mes chers amis ; il ne faut jamais faire
Son roi C......».
ALPHONSE.

---

(1) Voyez *Essais sur Paris*, *de Saint-Foix*.

LETTRE XX.

Une route de vingt-cinq pieds de large, suspendue sur des précipices d'une hardiesse, d'un pittoresque dont la vue seule peut donner l'idée, conduit de Pont...... à P....... Combien je desirois de connoître ce lieu, dont j'entendois parler depuis si long-temps ! Que de motifs réunis pour exciter mon intérêt ! Avec quelle religieuse curiosité je regardois toutes les avenues de ce vieux château ! Depuis cinquante ans il appartenoit à mes proches parens, et mon père y avoit passé les derniers jours de son enfance, les premiers temps de sa jeunesse. A soixante ans il m'en parloit encore avec émotion. Chacun de ces sites le rappeloit à ma pensée, lui dont l'ame s'exaltoit si vivement aux beautés de la nature, lui qui étoit tout sentiment, qui ne pensoit pas exagérer quand il disoit avec une naïveté si impétueuse à son ami, auquel il montroit une superbe vue : *Voyez, monsieur, voyez devant vous tout l'univers, et trois lieues de Loire*...... Ah ! sans doute il s'étoit arrêté comme moi à cet endroit où la route tourne, et où l'on a sur sa droite cette montagne, ces chèvres, ce pâtre suspendu en l'air; où, dans le fond, s'élèvent en amphithéâtre cette ville grisâtre, toute bâtie de laves, et cette masse énorme, ces grosses tours rouges et noires qui forment l'antique château : en face cette longue vallée, ces riches et vastes prairies où serpente la Sioule, et que couronnent les Monts d'Or. En voyant le lit de mort sur lequel sont élevées toutes les habitations, on se demande comment le torrent volcanique n'a pas enseveli toute la vallée. Ces couches noires, ces prairies si vertes, ce fleuve de lave arrêté dans sa course, cette rivière qui coule à côté, tous ces contrastes n'impriment point à ce singulier paysage une teinte lugubre, mais ils lui donnent un attrait mélancolique. La vie y est par-tout auprès de la mort, mais le mouvement est auprès du repos.

On ne sauroit s'arrêter devant un de ces beaux sites qu'offre la nature, sans penser que depuis tant de siècles, à la même place, chaque génération est venue successivement admirer. Le monde est un optique un peu plus grand; aucun spectateur ne s'est arrêté, tous ont regardé et ont passé sous le théâtre. — Je trouvois quelque chose de consolant à me nourrir du souvenir de mon père dans un lieu qu'il avoit toujours aimé, où toutes ses émotions avoient été douces, où j'étois sûr qu'il avoit vécu heureux. On ne m'a pas laissé le choix des lieux pour penser à lui. J'ai besoin de me rappeler que sa carrière fut d'abord réservée au bonheur; mais puis-je oublier que la fin de sa vie n'offre à mes regrets qu'une prison, le supplice, et point de tombeau ! ! ! !

Au milieu de ces gorges où triomphe l'industrie humaine, j'eus bien vîte occasion de revenir du sentiment de l'admiration qu'elle inspire, à ce dégoût qu'inspire le cœur humain interrogé quand il n'a pas eu le temps de mentir. Je vis deux petits paysans de douze ans environ, portant un bonnet rouge, et qui avec leur bâton alloient aussi vîte à pied que nous en voiture : un gros chien les suivoit. Certain air résolu que nous remarquions en eux leur valut douze sous, et les douze sous nous acquirent leur confiance; mais je fus vraiment attristé de les entendre nous dire gaîment qu'ils alloient vendre leur chien. Je pensois que pour le bien vendre, ils seroient obligés de dire qu'ils l'avoient nourri, qu'il étoit doux, vigilant, et qu'il leur étoit attaché : je réfléchissois aussi que si ce chien, leur commensal dans leur chaumière, avoit su qu'on le menoit vendre, il auroit été plus triste qu'eux, tant il est vrai qu'il y a une dupe dans tous les attachemens. — Mais il y a un point de vue de perfection sous lequel on peut presque par-tout considérer l'homme avec plaisir ; c'est celui où son industrie a travaillé pour son intérêt.

Il y a auprès de P....... plusieurs établissemens qui se présentent sous cet aspect : celui, par exemple, d'un moulin à patouilles, dans un pays où les bras sont rares, et où les seuls moulins à eau sont en usage. On regrette qu'il n'y en ait pas davantage de cette sorte ; ils sont plus économiques, et vont beaucoup plus vîte. Ils peuvent moudre par jour quatorze *cartons*. (Le carton vaut un septier six boisseaux ; le septier pèse 240.) Les moulins ordinaires ne donnent que neuf boisseaux par heure.

Les patouilles portent sur une grenouille très-lisse, qui n'offre que six pouces de frottement. On avoit essayé de faire des meules avec la pierre volcanique du pays, mais elles rendoient la farine un peu noire, et cet inconvénient ne devoit pas être le seul. On s'est procuré des meules qui viennent d'Espagne; elles sont de pierre calcaire pleine de coquillages, ont six pieds et demi de diamètre sur dix pouces de haut, et reviennent à 4,000 livres. Ce moulin à patouilles a six meules en activité.

La même rivière, retenue par une écluse, fait aller une forge à fer à cent pas du moulin; l'air se communique au foyer par le moyen de l'eau, et on emploie au lieu de soufflets, cette mécanique simple et ingénieuse connue sous le nom de *trompes du Dauphiné*.

Un peu plus loin, la Sioule va faire tourner un moulin à tan qui appartient au même homme, et dont les marteaux perfectionnés ont trois hachoirs. Rendue ensuite à elle-même, elle est reçue dans un vaste bassin, si abondant en truites, qu'on en prend tous les jours qui pèsent jusqu'à douze liv. Ce demi-arpent d'eau rapporte 2,000 fr. annuellement.

En approchant de la ville et du château, d'autres souvenirs venoient se mêler dans mon ame; tout me parloit d'un malheureux ami...... Je n'entrai point dans son habitation, elle étoit dévastée; mais on avoit respecté ces plantations, ces jolies allées, cette fontaine dont il avoit amené les eaux. Je regrettois de ne parler de lui à personne. Dans l'allée, à gauche, je distinguai un jeune alisier, et j'écrivis sur son écorce:

N..... *to his friend absent,* 1800.

LETTRE XXI.

Une immense ceinture de lave enveloppe le bourg de P..... Sur la route de Clermont, le lit s'étend au loin sur votre gauche, et tous ces débris couverts de pérelle blanchâtre donnent à ces champs l'air d'un vaste ossuaire. Le long de ces belles routes, auxquelles il ne manque que d'être entretenues, vous rencontrez de cent pas en cent pas des colonnes milliaires faites de cette lave inépuisable qui fournit la pierre de Volvic. Ces colonnes attendent depuis long-temps qu'on les place, et ce n'est pas sans nécessité ; elles sont faites pour qu'on reconnoisse le chemin ; il n'est pas rare de le trouver couvert de neige à la suite d'une bourasque, tandis que dans la plaine on cueille des fleurs, et souvent en plein hiver les hommes et les chevaux courent risque de s'ensevelir des deux côtés de la chaussée.

On croit descendre des nues quand, du haut de cette chaîne de montagnes, on s'approche de Clermont. A une si grande hauteur, la végétation est trop comprimée pour que le sol soit couvert d'arbres. Cependant sur le Puy de Côme, d'où s'est écoulée une des laves qui enveloppent P......., un bois qu'on dessouche encore, monte presque jusqu'au sommet. A mesure que vous descendez comme de terrasse en terrasse sur ces larges chemins qui ont l'air d'être suspendus, vous passez par degrés de l'hiver au printemps; les fleurs paroissent à travers les haies, par-tout les arbres sont sains et vigoureux. Clermont est au bas de ce grand verger qui commence la Limagne d'Auvergne. Il faut se souvenir qu'il fait froid sur ces hauteurs, pour ne pas trouver grotesques les capuchons et les béguins dont sont enveloppés les hommes et les femmes qui, avec leurs chariots et leurs bœufs, remontent de Clermont dans la montagne.

C'est une belle race d'hommes que celle de ces paysans. Il y a une grande différence d'énergie entr'eux et les laboureurs de Beauce ou de Berry ; il y a celle d'une Samnite à un Campanien : aussi est-il difficile de ne pas sourire en entendant à chaque instant le nom de César dans toutes ces bouches-là ; le chemin de César, le camp de César, les bains de César. Je crois bien que tous les Auvergnats n'ont pas lu ses commentaires ; mais la plupart savent que leurs ancêtres lui ont résisté glorieusement. Les noms de plusieurs de leurs villes sont des monumens de leur courage malheureux. Aubière, Périer, Romagnac sont des noms imposés par les vainqueurs aux théâtres de leurs succès, et viennent de *obiere, periere*. Périgère est ainsi nommé de sa situation sur l'Allier, que César passa à cet endroit-là même. On y montre les restes du pont qu'il jeta en poursuivant Vercingentorix (1). J'ajouterois bien qu'on fait venir Clémenssat de *Clementia Cæsaris*, et gondolle de *cum dolo* ; mais ces étymologies ressemblent trop à *alfana*, qui vient d'*equus*.

Il y a un peu plus de ressemblance entre les chars romains et les petits chars aratoires qui vont sur deux roues, sans fers, fermés par-devant, et ouverts par-derrière, où le paysan auvergnat se tient

---

(1) Comme il est dit dans la relation de César que Vercingentorix avoit détruit ce pont, ainsi que tous ceux qui étoient sur l'Allier, et que les Romains se servirent des mêmes pilotis, dont le pied étoit resté entier : comme aussi, vu l'urgence, ils ne jetèrent sans doute là qu'un pont provisoire, il est probable que les vestiges qu'on montre à Périgère sont ceux de l'ancien pont des Gaulois. « Cesar.... *silvestri loco castris positis, è regione unius eorum pontium, quos Vercingentorix rescindindos curaverat.... in occulto restitit....... Iisdem sublicis, quarum pars inferior remanebat, pontem reficere cæpit. Celeriter effecto opere.....* (Lib. VII.)

debout comme un triomphateur. Au lieu
d'une longue branche de laurier, il tient
un grand aiguillon. Les chars de triomphe, à Rome, avoient cette forme-là, et
dans le temps où ils n'étoient pas plus
beaux, on voyoit déjà des rois marcher
derrière.

Le char aratoire, le char triomphal, le
général qui tue, le laboureur qui fait
vivre, le nom de César, les Romains,
les Gaulois, le passé, le présent, cette
immense succession d'ombres chinoises
rapprochèrent à mes yeux, dans le même
optique, tous les triomphes anciens et
nouveaux. Celui de César fut bien romain, sans en excepter l'assassinat de
Vercingentorix; ceux de Pompée et d'Auguste furent riches, celui de Lépidus seul
me paroît offrir quelque chose de moderne (1).

---

(1) *Voyez* la note à la fin de l'ouvrage.

LETTRE XXII.

En entrant à Clermont, la première porte que je vis ouverte, ce fut celle d'une église ; elle étoit encombrée de bottes de foin ; la chaire toute dorée y étoit encore.

Auprès de ce temple profané, est la fontaine Saint-Allyre. On y met des oiseaux, des animaux, des végétaux qui se pétrifient ensemble en une quinzaine de jours. Il n'y a de joli que les petits paniers et les grappes de raisin qui ont subi cette métamorphose : les formes sont bien conservées.

Cette opération remarquable de la nature a sans doute donné naissance à quelques fictions mythologiques. La forme bizarre et variée de ces concrétions, qui sont communes aussi sur le sol de la Grèce, a pu créer plusieurs des métamorphoses poétiques. Les stalagmites d'Antiparos ne ressemblent pas mal à ce roi que Persée changea en pierre avec tous ses courtisans. L'imagination les aura vus, la poésie les aura fait parler. Des chimistes ont indiqué un procédé pour faire des gemmes avec des os de mort. On peut avoir ainsi, malgré le *tempus edax rerum*, sa maîtresse en bague et en bracelets, ou ses grands parens en vases antiques. Peut-être quelqu'un proposera-t-il de faire des momies ou des statues en envoyant en poste de riches défunts se pétrifier à Saint-Allyre. Il y en a tels dont le cœur est si dur de leur vivant, qu'une partie de la besogne est déjà faite.

La question de l'antiquité de Clermont, et l'incertitude de savoir si c'est la même ville que la fameuse Gergovia, a fourni beaucoup de présomptions lumineuses pour et contre. Le point n'en est pas plus éclairci; il est probable qu'il n'y a jamais eu de ville sur cette montagne. Le défaut d'eau n'étoit pas compensé par l'avantage de la situation, militairement parlant; et si les fondateurs avoient la liberté du choix, on ne peut pas croire qu'ayant la Limagne à leurs pieds, ils aient préféré un grand plateau uni, exposé à tous les vents et aux intempéries d'un hiver de six mois. Cependant, César qui est reconnu aussi exact qu'Homère dans ses descriptions topographiques, désigne trop précisément la situation de Gergovia, pour qu'on puisse se méprendre (1). Clermont, à la vérité,

---

(1) La tradition appelle encore *grenier de César* un lieu voisin, où se trouvent beaucoup de grains qui ont l'air d'avoir été brûlés. Ces grains qui font corps avec la terre et se sont conservés depuis tant de siècles sans altération, ont présenté à la physique moderne une question au-dessus des recherches des physiciens des siècles passés; savoir si cette combustion a été produite rapidement par le feu, ou lentement par l'eau. César convient

n'occupe pas aujourd'hui tout son ancien territoire. Les vieux fondemens qu'on rencontre journellement hors de l'enceinte moderne en fournissent des preuves.

Que le sol soit vieux ou neuf, il n'en est pas moins fertile, et j'ai vu autour de cette ville telle pièce de chanvre dont les tiges étoient d'égale grandeur, et d'au moins sept pieds de haut. — Au surplus, ceux même qui contestent à Clermont son antiquité et sa gloire, s'accordent tous sur le mérite de ses pâtes d'abricots.

Dans presque toutes les rues on ren-

---

bien qu'il leva le siége brusquement, mais non pas qu'il ait brûlé ses magasins, extrémité d'autant plus inutile, qu'on ne voit pas qu'il fût poursuivi. Comme il est même douteux que ce fussent les siens, ou ceux de Vercingentorix qui étoient dans ce voisinage de Gergovia, on a soupçonné (sans conviction à la vérité) que ces grains, au lieu d'avoir été incendiés, avoient pu prendre de l'humidité, et subir une combustion lente par la décomposition de l'eau.

contre des espèces d'enseignes muettes :
ce sont de petits drapeaux blancs qui
indiquent qu'on vend là du vin en dé-
tail. Dans le bon temps des jacobins, il
fallut mettre les petits drapeaux aux
trois couleurs. Cela ne rappelle-t-il pas
ce révolutionnaire anglais qui avoit, à
ce que rapporte Hume, une telle horreur
pour les croix, qu'il ne vouloit pas souf-
frir qu'on laissât deux pierres ou deux
pièces de bois à angles droits, dans les
rues ou dans les marchés ?

LETTRE XXIII.

C'est à Clermont que je demandai un jour pourquoi tant de monde sortoit d'un bâtiment qui sans doute ne me paroissoit pas une église : une vieille femme me répondit : *c'est la bénédiction, brutal.* Cette sainte colère me réjouit, l'intention étoit bonne; je me ressouvins du jour de la Fête-Dieu 1785, et de la procession de Saint-Sulpice. C'est un spectacle qu'une fête nationale; mais il ne faut pas comparer. Ce n'est pas sans émotion qu'on se retrace, par le souvenir, ces rues jonchées de fleurs, ces maisons couvertes de belles tapisseries, ces ornemens magnifiques de toute la hiérarchie sacerdotale, ce silence involontaire, ce noble contraste de la simplicité militaire et de la pompe sacrée. Aux deux côtés du Saint-Sacrement marchoient au moins vingt évêques au milieu des grenadiers du régiment des Gardes. Je croyois le dais plus éloigné, et je restois le dos tourné à regarder des femmes à une fenêtre. Un des grenadiers de l'escorte me dit d'une voix de Machabée : « Allons, tournez-vous donc, vous ne venez pas ici pour le bon Dieu. Non, sacr...... (1) vous n'y venez pas pour lui ». Je ne me le fis pas dire deux fois; mais j'ai souvent pensé depuis que cet homme simple et religieux étoit peut-être devenu un des vainqueurs de la Bastille.

La ville, bâtie de laves grisâtres, a quelques grandes rues, des places spacieuses, de belles promenades, assez de maisons régulières, et des dehors délicieux. Ces pierres volcaniques entassées

---

(1) Il ne disoit pas *sacr*..... précisément; les mots et les paroles alloient bien autrement à l'air de sa figure.

ne donneroient à Clermont qu'un aspect sérieux et l'extérieur des vieilles cités ; mais le souvenir rend à ces masses sombres tout ce qu'elles ont de lugubre, quand on se rappelle que la commission militaire de la dix-neuvième division y rendoit ses jugemens. Là, l'innocence n'étoit que relative ; l'âge n'étoit pas une excuse, et plus d'une victime immolée à dix-huit ans eut droit de s'écrier aussi : *Fructus matura tulissem* (1). Hâtons-nous de dire qu'une, du moins, échappa aux bourreaux. Les occasions de ne pas haïr les hommes sont si rares ! on seroit presque tenté de remercier le crime d'avoir mis la vertu en évidence. Un fils prit la place de son père, qui devoit être condamné le lendemain, et le força de s'évader sous ses habits. On ne fit pas

---

(1) On dit qu'un des deux Trudaine, jeune homme plein de talens, avant d'aller à la mort, avoit dessiné avec du charbon, sur le mur de sa prison, une branche d'arbre fruitier, avec ces mots au bas.

mourir le jeune homme, il finit même par recouvrer sa liberté : c'est plus qu'on ne pouvoit attendre de ceux qui gouvernoient alors.

« M. de la Villate n'étoit pas encore jugé; il devoit l'être le lendemain, et exécuté dans la journée. Il ne restoit plus à son fils que quelques momens pour le voir, car ceux qui venoient visiter les prisonniers sortoient à la nuit, et on étoit au mois de décembre. Le jeune homme arrive avec deux demoiselles, amies de sa famille. Par delà la chambre du geolier est une pièce unique, où il entre avec elles. Il falloit être bref et circonspect; ils étoient surveillés par une fille de ce geolier qui, sous un extérieur noble et agréable, cachoit une ame dure et même méchante. Un bon et aimable jeune homme, fusillé depuis, parvient à l'emmener pour fermer les cachots. Il étoit temps ; dans l'autre pièce on entendoit la mère qui se préparoit à allumer la lampe, et dès-lors tout étoit perdu. On affuble le père de la *houpelande* du fils, on lui couvre la tête de son chapeau, et le visage de son mouchoir. Il sort de la chambre du fond, soutenu par les deux femmes, qui feignent de vouloir étouffer ses sanglots, et traverse l'autre pièce, tandis que la geolière, le nez dans les cendres, cherchoit à se procurer de la lumière. Là est un petit quarré fermé par d'énormes madriers, dans lesquels est pris le guichet de sortie. Le fils du geolier s'y tenoit en ce moment, et dans l'obscurité cherchoit la clef pour ouvrir. Il va et vient sans la trouver, et cependant la vieille souffle toujours un charbon qu'elle ne peut rallumer. Le danger étoit à son comble, lorsqu'une voix forte se fait entendre du dehors, et demande, en jurant, ce que c'est que tout le mouvement qui se fait en dedans. C'est le géolier lui-même qui se fait bien expliquer par son fils quelles sont les personnes qui veulent sortir, dit ensuite que c'est lui qui a la clef, mais qui s'étonne de cet empressement à la demander. Il éteint gravement sa pipe, et ouvre enfin. La lumière, en cet instant, paroissoit par-derrière, et ne servit qu'à fermer le guichet quand M. de la Villate le père l'eut franchi ».

Qui ne partage pas les angoisses et les terribles alternatives de crainte et de joie dont frappe cette scène, douteuse jusqu'à sa dernière minute ? Tout est sous les yeux dans ce récit simple et vrai, comme l'ame de celui qui me l'a transmis : tout est tableau ; cette lampe qui par bonheur ne s'allume pas, cette clef qui n'est pas là, cette voix du geolier, cette porte qui s'ouvre enfin, puis se referme comme feroit la tombe à laquelle échappe une victime...... Et ce bon Marcellin qui prête son secours, étant déjà en jugement et presque sûr de périr, lui qui commençoit la vie et qui pouvoit compter ce qu'il lui restoit d'heures.

« Tendre et fragile fleur, flétrie en ton jeune âge,
» Tu ne vécus qu'un jour, ce fut un jour d'orage ».

Delille.

LETTRE XXIV.

Tous les curieux montent sur le Puy-de-Dôme, mais ce n'est pas par le même temps ni par le même chemin que nous. Quoi que Montaigne en dise, je ne crois pas qu'il soit grimpé là-haut le 20 novembre, car au mois d'août nous n'avons pas trouvé qu'on y fût trop à son aise. Il faisoit un temps superbe dans la plaine; le brouillard occupoit la base de la montagne, et jusqu'à une certaine hauteur, offroit de superbes effets de lumière. C'étoit comme un rideau ouvert et fermé tour à tour sur un beau tableau bien éclairé. Mais à une plus grande élévation le vent augmenta, le brouillard devint une pluie battante. Croyant le sommet beaucoup moins éloigné, nous quittâmes le chemin, et nous gravîmes à pic. L'herbe étant épaisse, on ne glisse point; mais il faut s'aider des pieds et des mains. Enfin, trempés comme si on nous eût mis dans un bain, nous eûmes la satisfaction d'arriver au pic le plus élevé, où nous ne vîmes rien du tout; le temps ne se leva pas.

Le Puy a la forme d'un dé à coudre. Depuis sa base jusqu'à son sommet, l'œil parcourt un tapis de verdure. On n'éprouve pas, en mesurant de la vue le Puy-de-Dôme, l'étonnement qu'inspirent ces immenses montagnes coupées de précipices, hérissées de rochers nus ou de tristes arbres résineux, on ne voit qu'un pâturage couvert de troupeaux. Le séjour continuel qu'ils y font, prive la montagne d'un de ses charmes les plus intéressans. Sa verdure est monotone, et le naturaliste n'y trouve pas cette moisson admirable de plantes si abondantes et si belles sur ces fertiles sommets.

Le Puy est, dit-on, à plus de huit cents toises au-dessus du niveau de la mer; il faut plus d'une heure pour y monter, et l'on se trouve au faîte sur une petite plaine. — Dans une des conceptions hardies des beaux jours de la révolution, cinq à six mille hommes, au moins, montèrent à force de bras, sur ce sommet, un arbre de liberté. Quelques jours après, des malveillans, ou le vent, le firent descendre beaucoup plus aisément.

Ce fut sur cette plate-forme que le duc de Polignac rassembla en 1785 les plus jolies femmes de Clermont, avec les officiers de son régiment, et qu'il leur donna une superbe collation. On avoit monté à dos d'hommes les tables du banquet mises en fer à cheval, ainsi que les vases de porcelaine, les services d'argenterie, les cafetières, et *omnis copia*, non pas *narium*, mais *gulæ*. Au-dessus des nuages, ayant le tonnerre à ses pieds, savourant mieux que le nectar et l'ambroisie, il étoit sans doute permis à un dieu de la terre de se croire à table dans l'Olympe.

Oserai-je dire que je trouve je ne sais quel manque de respect dans cet appareil de luxe et de sensualité porté jusque sur ces cimes imposantes ? Il semble que ce soit n'avoir rien de sacré. Tous les peuples ont respecté les hauts lieux. Ezéchiel, en parlant des transgresseurs de la loi, croit les rendre plus odieux, en disant qu'*ils ont mangé sur les montagnes.* (*Ch. 22, vers. 4.*) Une sorte d'instinct nous rapproche plus ou moins de la grande colère d'Ezéchiel. Que de savans courageux gravissent les sommets brûlés du Pitchincha ou du Cotopaxi, à la recherche d'une vérité utile : ils inspirent une admiration sans mélange. Mais si quelqu'appareil se déploie sur une haute montagne, on voudroit que la pompe sacrée s'y réunît à la pompe militaire, que des actions de grace s'y confondissent pour une victoire qui auroit donné la paix. L'idée d'un festin sur le Puy-de-Dôme me paroît toucher à la profanation.

Cet instinct de respect est de tous les

temps et de tous les pays. Les Orientaux veulent qu'on adore le créateur de l'univers sur des lieux élevés au-dessus des habitations humaines. Les Péruviens ont adoré les montagnes elles-mêmes ; les Cappadociens et les Daces les regardoient comme des dieux ; l'Atlas étoit l'objet du culte des Africains. Sur les monts élevés il est permis à l'homme de se croire plus près de la divinité ; mais du haut de sa sphère, qu'est-ce qu'une montagne ou un humble temple avec ses tours de deux cents pieds, pour cette intelligence à laquelle nous avons supposé une bouche et des yeux ; pour ce créateur *qui nous a faits à son image, et à qui,* comme disoit Fontenelle, *nous l'avons si bien rendu* (1).

───────────────

(1) Spon, dans ses Recherches d'antiquités, dit, d'après les médailles des Nisæens et des Magnésiens, qu'ils adoroient la lune sous le nom du dieu *Lunus*, et le figuroient sous l'habit et le nom d'homme, coiffé d'un bonnet à l'arménienne.

Chez les Chrétiens, le décret du pape Alexandre VIII, de 1690, condamna la proposition : *Qu'il n'est pas permis d'exposer dans les églises l'image du Père Eternel.* Le pape s'appuyoit sur ce qu'on représente ordinairement le Père Eternel sous la forme d'un vénérable vieillard, habillé de blanc et assis sur un trône, vu que c'est ainsi qu'il a bien voulu paroître; que le prophète Daniel l'a vu, et nous a laissé le portrait de *l'ancien des jours.* Il en est résulté que dans une église de Savoie, l'Enfant-Jésus est représenté en perruque poudrée à frimats, et Dieu le Père peint en pape avec la tiare sur la tête. (Voyez *Voyage de Moore.*)

LETTRE XXV.

Ici commence le voyage du minéralogiste. Clermont est comme un point central, d'où l'on peut diriger sa route vers un but également intéressant. Une journée suffiroit pour arriver, au valétudinaire qui n'iroit chercher au Mont d'Or que la santé; mais celui qui aime les sciences et l'étude de la nature, se trouve retenu de montagne en montagne, de vallée en vallée, de roche en roche. Le long de cette grande chaîne, nul objet n'est sans intérêt. De Clermont à Rochefort, le paysage offre une variété de tableaux aussi agréable que rapide.

Here hills and vales, the woodland, and the plain:
Here earth and vater seem strive aguin,
Not chaos like together crush'd and bruis'd,
But as the world harmoniously confus'd....
Pope.

Sur le rocher qui commande le village de Rochefort, est son antique château, dont les pans suspendus menacent encore, même depuis qu'il n'est plus habité. Il appartenoit à la maison de Chabannes. On n'y voit plus intérieurement que de vastes cavernes taillées de main d'homme, dans un tuf de serpentine, et qui servoient autrefois de casemates ; elles pouvoient bien contenir deux ou trois cents hommes de guerre.

A peu de distance de Rochefort, il s'est ouvert un ravin qui offre un accident curieux. Un arbre de neuf pieds de tour environ s'y trouve enseveli à douze ou quinze pieds sous terre ; sa tête est d'un côté du ravin, et ses racines de l'autre. Il est couché en travers, et avoit commencé à se carboniser (1).

---

(1) Il y a dans ce genre des échantillons bien plus intéressans. J'ai un fragment de bois carbonisé, pris à cinq cents pieds de profondeur dans un tuf volcanique surmonté d'un courant de lave

A un quart de lieue de-là s'offre une singularité plus merveilleuse ; c'est la roche de Deveix, elle est en équilibre : probablement elle étoit autrefois enchâssée dans des terres, que les pluies auront peu à peu détachées. Quoi qu'il en soit, cette masse d'à-plomb sur un lit de roche et à mi-côte, ayant trente-quatre pieds de circonférence perpendiculaire et quarante-huit pieds environ de circonférence horizontale, se remue si facilement que, dès qu'on fait levier de bas en haut, en pressant fortement avec l'épaule, on la voit vibrer très-sensiblement, et plusieurs fois, avant de revenir à son immobilité.

Près du rocher de Deveix est la roche Sanadoire, dont le nom corrompu vient de ce que sa pierre est lamelleuse, sonore, et sert à couvrir les maisons. Elle s'élève

---

basaltique. Il a été trouvé dans le Cantal, près de Salers.

à pic aux trois quarts de sa hauteur ; c'est un roc vif de serpentine. Au pied de la roche commence un tapis verd qui la couvriroit elle-même, si les vives couleurs des fleurs les plus belles, des plantes les plus recherchées ne coupoient pas cette monotonie de verdure. En bas fleurit la scorpione, dont la corolle bleu céleste a servi de modèle aux camées de Wedgwood. Plus haut croissent les capillaires, les polypodes, les orpins, la digitale rouge, la digitale blanche, l'œillet indigène, la pensée sauvage, le martagon au calice rose et jaune, dont le parfum est si suave, la tige si droite, enfin qui est le cèdre des fleurs de la montagne. La vue, l'odeur, la beauté de chacune de ces plantes vous arrêtent à chaque pas, quoique chaque pas soit mal assuré; elles vous forcent, par une puissance secrète, à descendre pour les cueillir. Vous ne voyez que la fleur, vous posez son calice fragile, ses membres délicats dans la mousse conservatrice ; vous travaillez suspendu en l'air, mais votre conquête est assurée ; vous n'avez pas même vu le précipice.

Pendant que nous gravissions des mains et des pieds, le pain de sucre se rétrécissoit, et sur la crête trois chèvres peu accoutumées aux visites des bipèdes, nous regardoient avec inquiétude. Chemin faisant, nous nous trouvâmes *nez à nez* avec un gros crapaud qui prenoit, comme nous, à travers champs : je ne croyois pas qu'on en rencontrât si haut. — Nous poussâmes les chèvres jusque dans leur dernier retranchement. Le premier qui parut sur le sommet les fit déloger, elles ne choisirent pas le chemin. Il n'en fut pas ainsi de nous, même du côté à peu-près accessible, il étoit presqu'impossible de regarder debout du haut en bas. La rivière de la vallée, le hameau, les arbres, les troupeaux, les laboureurs, tout cela n'étoit plus qu'un paysage de Lilliput. De trois côtés nous avions le rocher à pic, et pas une touffe d'herbe pour arrêter la vue. Ce coup-d'œil faisoit frémir :

Haud secùs Androgeos visu tremefactus abibat.
VIRGILE.

Quel sommet étroit ! quelle hauteur ! quelle chute ! la belle occasion !... Nous avions-là un amant au désespoir, et la roche étoit escarpée ; mais A..... se souvint que Saint-Preux n'avoit sauté que d'intention.

LETTRE XXVI.

Il est difficile de se figurer un lieu plus sale et plus bourbeux, des réduits où l'on soit plus chèrement et plus incommodément entassés que dans un village appelé le Mont d'Or. Cependant, quelque pénible que soit la route pour y arriver en voiture, les rhumatisés, les goutteux, les paralytiques se croient à moitié guéris dès qu'ils apperçoivent cette piscine miraculeuse. La vue des bains du Mont d'Or fait sur les malades le même effet que faisoient sur les ames pieuses, à la porte de nos églises, ces grands Saint-Christophe de si bon goût et de tant de vertu. Si la satisfaction des malades leur fait oublier les cahots de la route, et l'indiscrétion avec laquelle on les rançonne, quelle jouissance le voyageur curieux qui est venu jusque-là pour son plaisir, n'éprouve-t-il pas, même à ce prix ! Trente-six francs pour un souper et pour coucher cinq dans trois lits une seule nuit, cela n'est pas français. Je dirois, c'est suisse, si les Suisses n'étoient pas devenus si malheureux.

Les eaux du Mont d'Or ont été connues des Romains ; le bain principal s'appelle encore le bain de César. On voit quelques pierres ciselées à l'antique, dans un lieu qui a même conservé le nom pompeux de Panthéon. Il est vrai que les Romains aimoient beaucoup les eaux thermales ; mais ils étoient magnifiques dans leurs goûts, et soignoient leurs aises. On ne reconnoît nulle part, au Mont d'Or, leur splendeur, ni leur délicatesse, depuis le sale et obscur bâtiment des bains publics, jusqu'à la litière couverte, et toute en sapin, de mauvaise odeur et de plus mauvais augure ; voiture unique, qui transporte tour à tour le guéri et l'agonisant.

Il n'y a rien d'admirable ici dans tout ce qui est l'ouvrage des hommes ; mais un autre enthousiasme que celui qu'ils peuvent inspirer, y est à son comble. A chaque pas, il frappe les yeux, échauffe l'ame, et la conduit de la surprise à la reconnoissance. Le savant est au milieu des richesses minérales ; le peintre est au milieu des sites les plus bizarres, les plus sauvages, les plus féconds en accidens en contrastes ; l'homme enfin, quelle que soit sa science ou son art, reporte un même sentiment à l'auteur de la nature, en se voyant entouré des dons spontanés de sa bienfaisance.

Cette vallée n'est qu'une vaste collection de curiosités, où la nature laisse choisir. Tous les résultats des phénomènes volcaniques y sont entassés ; rien n'y est en ordre ; les blocs y sont sous les yeux, il faut les briser ; les trésors sont dans leur sein. Le tripoli rubané de tant de couleurs, les schorls, les laves porphyriques, les basaltes prismatiques ou lamelleux, les brèche volcaniques, les cristaux de feld-spath, le fer spéculaire, offrent les brillantes métamorphoses qu'ont subi les élémens primitifs. Les débris du feu servent ici comme tous les autres, et rentrent dans les matras de la nature, qui recompose sans cesse et ne perd jamais; tant il est vrai que la mort n'est qu'un changement de formes pour toutes les dépouilles terrestres, depuis la plante jusqu'à l'insecte, depuis le basalte jusqu'à l'homme.

Par où commencera le peintre ? où est le point de vue ? Il a sous les yeux le chaos; tout est à l'effet, ces chutes d'eau, ces montagnes, et jusqu'à ce rocher bizarre, où le montagnard superstitieux ne verra jamais qu'un capucin qui lit son bréviaire (1), mais que l'œil souvent ébloui des Grecs eût pris (avec

---

(1) En face du village du Mont d'Or est une montagne qui ressemble un peu à un homme assis avec un capuchon sur la tête ; aussi l'appelle-t-on vulgairement la *montagne du Capucin*.

vraisemblance cette fois) pour Thalès
ou Démocrite, méditant leur Système
du monde au milieu de ses débris. Heureux Grecs, qui savoient tout embellir,
et qui, dans leurs ingénieux mensonges,
prenoient les vieilles femmes pour des
colombes (1) !

Sur la gauche est la cascade. Un demi-
cirque magnifiquement dessiné par une
main qui ne connoît que les grandes
proportions, est creusé dans les flancs
de la montagne. L'effort des eaux qui
pesoient des lacs supérieurs, a emporté
la digue que formoient les arbres et les
rochers. Le torrent tombe dans un abîme,
mais son cours n'est libre que dans l'air
qu'il traverse en se précipitant. Une

---

(1) C'est ainsi, dit-on, que les colombes rendoient des oracles à Dodone. πελειαι signifioit *vieilles femmes* dans l'idiome des peuples d'Epire, et
colombe dans le reste de la Grèce. Des oracles
rendus par de vieilles prêtresses avoient quelque
chose de trop simple ; l'amour des Grecs pour le
merveilleux s'accommoda mieux des colombes.

nappe d'eau blanche comme l'argent, arrive jusqu'à terre, mais ne s'y déroule pas; elle ne trouve point un lit, mais un passage que les cadavres de ces géans naturels lui disputent pied à pied. L'onde écume et s'échappe de chute en chute; les arbres et les rochers, tantôt debout, tantôt couchés, tantôt s'embrassant de leurs racines et de leurs masses, résistent d'un plan à l'autre. Le sol retentit au loin du bruit de la lutte, jusqu'à ce que les arbres rongés, brisés par le frottement continuel, et les rochers minés, rompus, dissous, forment eux-mêmes un lit de sable au torrent qui, sous d'autres formes et pour d'autres emplois, les charie sous son nom de Dordogne jusqu'à l'Océan.

A ce grand effet du tableau, se joignent des accessoires qui y répondent. Auprès de la cascade, d'immenses déchirures ont ouvert des cavernes. Un des flancs de la montagne n'est couvert que de débris de roche, de grenaille sans soutien,

aussi incertaine qu'un sable mouvant.
L'habitude ou la curiosité détournent
seules de l'effroi que vous éprouvez en
vous voyant suspendu en l'air à cette
hauteur, au-dessus de ces rochers sans
route frayée, au milieu de ce fracas imposant, et marchant sur un sol qui manque sous vous. La nuit nous surprit, et
les objets de la scène ne firent que changer d'intérêt. Il ne faisoit plus jour, et
nous étions encore sous la cascade : le
chemin se reconnoissoit en descendant ;
des masses colossales bien remarquables,
et jetées çà et là, servoient naturellement
de colonnes milliaires. Le bruit du torrent empruntoit quelque chose de plus
majestueux encore dans l'obscurité de la
nuit ; et ces arbres isolés, dont plusieurs
étoient morts et dépouillés, nous sembloient, au retour, de grands fantômes
blancs qui étendoient déjà leurs bras
dans la solitude. Le pinceau pourroit rendre tous ces accidens subalternes, mais
il restera toujours au-dessous de ces
beautés premières, de ces catastrophes

démesurées du tableau de la nature. La toile ne parle qu'aux yeux; la nature appelle tous les sens à l'étonnement de ses effets. L'homme admirera, mais il ne peindra jamais ni la cascade du Mont d'Or, ni la cataracte de Laufen.

Au fond de la vallée, sur la droite et sur la gauche, sont des bois remplis de chevreuils, d'autant moins difficiles à chasser, qu'ils se tiennent à mi-côte, et que les bois ne sont pas d'une très-grande étendue. Au milieu est la montagne du Mont d'Or, qui donne son nom à la chaîne. Elle est beaucoup plus haute que le Puy-de-Dôme; la montée est longue et pénible; mais on est bien dédommagé de la fatigue par la beauté du coup-d'œil. Le dernier pic est encore plus rude à gravir; le sommet a une très-petite étendue, et au milieu est une croix de bois que son éloignement et son élévation ont garantie des outrages révolutionnaires. Je voudrois savoir qu'on l'a respectée avec intention. Un monument de la reconnoissance des hommes peut-il être dans un plus digne temple que sur le pic du Mont d'Or, au milieu des bienfaits de leur créateur, dont ils profitent journellement ? Mais, hélas! à vos pieds vous voyez ces bains salutaires, ces eaux qui, chez les Païens, eussent été sacrées, c'est-à-dire, à l'usage libre de l'infirmité et de la douleur : on les vend, on viole les droits de l'humanité et du malheur; on n'admet pas l'égalité de la souffrance, la seule sur laquelle on ne dispute pas. Il y a des portes et une serrure à la fontaine, comme si tous les mourans n'avoient pas le même droit de revenir à la vie, de boire à la même coupe.

Bientôt sans doute on affermera au plus offrant le droit exclusif d'aller cueillir sur les montagnes environnantes ces tiges odorantes et d'une vertu si admirable. Là, il n'y a pas un brin d'herbe qui ne soit un bienfait, pas une plante qui ne mérite une action de graces. L'*arnica montana*, la plus puissante des erinhes;

le *gnaphalium*, la véronique, l'euphraise, l'ancolie, la camomille, et toutes ces nombreuses tribus de plantes montagnardes, béchiques, ophtalmiques, vulnéraires, offrent à chaque pas leurs sucs élaborés, leurs qualités plus parfaites, comme remèdes des maux que la nature veut guérir, n'ayant pas pu les empêcher. Laboureurs religieux, vous dont les sueurs sont toujours égales dans tous les pays, vous remerciez la divinité, avant même que le succès ait répondu à vos travaux. Ce n'est point vous, c'est l'homme civilisé qui seul peut être insensible à cette bienveillance qui n'attend pas qu'on la sollicite. Que cet homme au cœur froid parcoure ces intéressantes montagnes, et qu'il voye, s'il le peut, sans être attendri, cette jeune fille cherchant dans le sein de la nature, des secours pour son père infirme, et s'écriant comme la Cordélia de Sakespéar :

All blessed secrets
All you unpublish'd virtues of the earth,

Spring with my tears; be aidant and remediate in the good mans distress!

Kink Lear, *act. iv, sc. vi* (1).

Autrefois les malades guéris écrivoient leur nom dans le temple de Delphes. Je voudrois qu'au pied de cette croix, au sommet du Mont d'Or, on vît sur une colonne de basalte les noms et les actions de graces de ceux qui auroient dû leur guérison à ses plantes, à ses bains, à ses eaux miraculeuses. Pour moi, bénissant la providence, n'étant pas malade, mais étant heureux, je n'eus plus qu'un seul souvenir, et je gravai sur la croix de bois le doux nom de Louise.

---

(1) C'est à-peu-près ce que dit l'Helmonde de Ducis, dans son roi Léar :

« Admirables présens, végétaux précieux,
Pour guérir les mortels nés du souffle des dieux,
Si vous pouvez m'entendre et sentir mes alarmes,
Fleurissez pour mon père, et croissez sous mes larmes ».

Le roi Léar.

LETTRE XXVII.

On seroit fâché de n'avoir pas visité les burons d'Auvergne, mais on ne desire pas de les revoir. Toutes les montagnes de cette chaîne qui avoisinent la vallée du Mont d'Or, donnent d'excellens pâturages. Il sembleroit que c'est-là qu'on doit trouver le meilleur lait et le meilleur beurre ; il en est tout autrement. Ce n'est pas le beurre qu'on fait avec la crême, c'est le fromage. Voilà ce qu'on soigne, et qui fait la partie essentielle du profit que retirent des burons, soit le propriétaire, soit le fermier. Un buron de soixante bêtes laitières est affermé quarante-deux quintaux de fromage, et quatre-vingt-dix liv. de beurre. Une bonne vache doit donner un quintal de fromage.

Les animaux sont plus satisfaisans à

observer ici que les hommes. Ils sont réunis sur telle montagne, quelquefois au nombre de deux cents : on les rappelle à l'heure où on a coutume de les traire, en leur présentant une poignée de sel. Les vaches s'attirent ainsi les unes les autres. C'est un beau spectacle que cette masse de quadrupèdes, bais, pies, blancs, noirs, de toutes les nuances enfin, mais n'ayant tous qu'un seul caractère de douceur. Ici c'est l'animal qui est civilisé, et l'homme qui est sauvage. L'un y vit en société, et l'autre dans un isolement morose et taciturne, arrière-goût de cette vie patriarchale à laquelle nos alchimistes politiques vouloient nous réduire, quand un dieu leur a dit : *Quos ego*...... Il est certain que sur ces montagnes, l'animal s'approche, et l'homme s'éloigne. Je le remarquai dans de jeunes pâtres, à qui nous demandions notre chemin. L'isolement dispose aussi à la méchanceté. Je vis un petit malheureux de dix à douze ans nous engager exprès dans un sentier qui aboutissoit à un précipice. Il rioit de loin, en voyant l'embarras et l'effroi d'un cheval que nous conduisions, et qui ne pouvant plus être détourné, descendit tout tremblant jusqu'au bas, comme par miracle. Celui-là aussi auroit assurément crevé les yeux à une caille.

Toutes ces vaches réunies n'appartenant pas au même maître, sont confiées au fermier de la montagne et du buron : elles paissent sur les différens pics, et montent quelquefois à une très-grande hauteur. Souvent il arrive que le pied manque à la plus élevée, qui en entraîne sept ou huit dans sa chute, et elles vont se briser en bas. J'ignore si le buronnier est responsable de ces sortes d'accidens.

J'ai vu plusieurs de ces burons. Les uns sont bâtis en terre et en bois, comme les huttes des Samoyèdes et des Kamchatdales ; les autres en pierres, voûtés et ayant toute la recherche de ce genre d'établissement. Il n'y a pas de Tartares qui vivent plus durement, et qui respirent un air plus fétide, plus tiède et plus enfumé. Dans la même pièce sont la cheminée, les chaudières, les formes et les grabats de quatre ou cinq vachers, qui vivent là sans femmes. Au-dessous est la cave, où sont des piles de fromages de vingt livres pesant chacun. C'est l'air aigri de toutes ces masses de lait fermenté, joint à la chaleur d'un feu continuel, qui les pénètre jour et nuit par tous les pores.

Nous fîmes environ treize lieues de pays à pied dans notre journée, à travers ces burons, ces beaux troupeaux et ces hommes, beaucoup plus grossiers qu'eux. La nuit approchant, il nous fallut un guide. Nous en trouvâmes un qui nous conduisit pour un écu, ce qui n'étoit pas trop cher, vu sur-tout les combats intérieurs qu'il éprouvoit entre l'envie de gagner, et la peur que nous lui inspirions. Il conclut cependant à part lui, nous dit-il ensuite, que nous n'étions pas des voleurs, parce que celui de nous qui avoit fait le marché lui avoit parlé patois. Son raisonnement étoit aussi concluant que celui de certaines paysannes à quelques lieues de-là. Un de nous avoit été leur demander le chemin : par le même sentiment de confiance, elles l'avoient aussi pris pour un voleur. Ensuite elles avoient jugé que ce ne pouvoit pas en être un...., parce qu'il avoit une bague au doigt.

LETTRE XXVIII.

L'Auvergne doit sa physionomie extraordinaire, mais si intéressante, et la Limagne, en particulier, sa fertilité aux feux souterrains qui, dans une époque très-reculée, y ont fait leurs ravages. Mais quel est l'âge de ces volcans, à quelle époque ont-ils cessé? Le défaut de notions à cet égard, empêche à plus forte raison de remonter aux temps où ils ont commencé. C'est si récemment que les cratères d'Auvergne ont eu des observateurs, qu'il n'est pas étonnant qu'ils manquent encore d'historiens. En reconnoissant que le voisinage de la mer est nécessaire à la fermentation volcanique, je ne crois pas qu'on pût juger du temps qu'il a fallu aux eaux pour se retirer, même avec la donnée qu'Aiguesmortes étoit un port sous saint Louis. Il falloit que ces volcans fussent déjà en repos long-temps avant César ; car bien qu'il fût plus militaire que naturaliste, il en auroit sans doute parlé. Mais les laves des pays d'Auvergne éteintes dans la nuit des temps, n'ont jamais coulé que sur un sol barbare, et leurs ravages ne laissoient pas plus à regretter que les inondations de l'Orénoque ou du Mississipi. Nous pouvons du moins le croire, jusqu'à ce qu'il nous soit prouvé que les Auvergnats connoissoient et cultivoient les sciences et les arts avant d'être soumis aux Romains (1).

Une autre question seroit de savoir si l'éloignement de la mer, qui est bien visible, sera une cause suffisante pour que ces volcans ne se rallument pas, tandis que le voisinage immédiat de la mer ne s'est pas opposé pendant un long

---

(1) On prétend que les vases de poterie trouvés à Ligone portoient une date bien antérieure à la venue des Romains dans les Gaules.

intervalle au repos du Vésuve et de l'Etna.

Avant l'an 79 de J. C., on se rappeloit à peine que le Vésuve eût jeté des flammes, quoique Pompéïa fût bâtie de ses laves. Une preuve de cette sécurité, et en même temps un souvenir qui n'est pas sans intérêt, c'est que Spartacus, dans le temps de la guerre qu'il honora de son nom, avoit ses positions sur son sommet, quand les Romains vinrent l'y chercher et s'y faire battre. — Il en étoit de même de l'Etna : Pindare et Lucrèce ne l'avoient décrit que par tradition. Le seul Virgile put peindre une de ses éruptions d'après nature, puisque de son temps les soldats d'Octave battus par Sextus Pompée, et gagnant Taorminum, furent arrêtés dans leur fuite par une lave qui couloit encore. Depuis lors, l'Etna semble ne s'être réveillé que vers le seizième siècle. Plusieurs habitans de Catane regardoient comme des fables les récits des Grecs et des Latins avant l'éruption de 1536, au rapport de Carrera (1) et de Philotée (2).

Mais les indices de la fermentation intérieure se décèlent sur le sol raffermi de l'Auvergne, comme sur le sol miné de la Campanie. Par-tout vous trouvez des eaux chaudes, des soufres et des bitumes. A Pont-du-Château, le chemin sépare une montagne de pissasphalte. On coupe les pierres dont on construit les maisons, dans le lit homogène à travers lequel vient percer la poix minérale (3), connue des Romains qui en faisoient le ciment de leurs bains, à ce que rapporte Vitruve. Sous cette surface de pissasphalte noirâtre, molle, et qui se liquéfie, le soleil ou le marteau du mineur font sortir souvent des roses de feld-spath

---

(1) *Descript. mont. Ætn.* lib. 3, c. 7.
(2) *Antoine Philotée, Tipograph. mont. Ætnæ.*
(3) La poix minérale est une variété de bitume, qui lui-même servit aux murailles de Babylone. Voyez *Hérodote*, liv. prem.

conservées avec toutes leurs aiguilles, ou ces stalactites vitreuses, connues sous le nom de calcédoines, et qui ont presque le rang de pierres précieuses.

On remarque aux environs de Clermont des effets analogues à ceux qu'on observe dans quelques endroits du voisinage de Naples. Il y a une cave à Montjoli qui, comme la grotte du Chien, près le lac Agnano, exhale un gaz très-actif. Il se fait même sentir à une beaucoup plus grande hauteur. Le méphytisme de la grotte du Chien n'est sensible qu'à fleur de terre : à Montjoli l'effet est journalier, et dépend de la variation de l'atmosphère extérieure.

Au reste, quoique les magnifiques descriptions des poètes grecs et latins n'aient donné qu'une foible idée du plus terrible phénomène (puisqu'il renferme à la fois tous les fléaux de la nature, la pluie de feu, la pluie de cendres, l'inondation, l'incendie, le tremblement de terre, en un mot, tous les attributs destructeurs qui désignoient la foudre dans les mains de Jupiter), néanmoins ces descriptions ne seront point effacées par les allégories que les mêmes terreurs et les mêmes souvenirs ont consacrées chez les Auvergnats superstitieux.

On nous assure que le génie du christianisme fournit une poésie plus riche, plus noble, plus majestueuse que la religion d'Homère et de Pindare, de Lucrèce et de Virgile. Les noms de *Chemin des Enfers*, de *Trou d'Enfer*, de *Bouches d'Enfer* et de *Hurlemens des Damnés*, donnés par la tradition chez les chrétiens, pour peindre les phénomènes volcaniques et leurs traces d'une manière digne de l'effroi qu'ils laissent; ces noms, dis-je, présentent donc des images aussi grandes, aussi pittoresques, aussi poétiques que :

« Fama est Enceladi semiustum fulmine corpus Urgeri mole hâc. . . . . . ».

ou cette imitation du Virgile latin par le Virgile français :

Combien de fois l'Etna, brisant ses arsenaux,
Parmi des rocs ardens, des flammes ondoyantes,
Vomit en bouillonnant ses entrailles brûlantes !...

Malgré le génie des poètes anciens ou modernes, des poètes païens ou chrétiens, serai-je le seul à penser que leurs peintures seront toujours au-dessous de ce tableau vivant, et d'un effet bien plus profond, qu'on voit au pied du Vésuve.

Le sommet du volcan jette une épaisse fumée; la nuée s'en élève en forme de pin, présage de grandes calamités. Le village est au-dessous; vous voyez les danses de ses habitans, vous entendez le son des instrumens; et près de la porte de *Torre del Greco*, est placée une pierre avec cette inscription :

Posteri, posteri, vestra res agitur...... &c.

Ce tableau, le pendant du paysage du

Poussin, n'est plus à faire : au moment où j'écris, le village de *Torre del Greco* n'existe plus; le Vésuve l'a anéanti ; mais la pierre prophétique s'y voit encore.

LETTRE XXIX.

Les environs de Clermont offrent des sites délicieux. Les Français sont en vérité, à l'égard de leur patrie, comme ce mari qui disoit :

Que je vous aimerois, si vous n'étiez ma femme?

Ceux qui croient que sans postillonner autant que les Anglais, on peut trouver des sources limpides et abondantes, des jardins naturels charmans, des points de vue dignes du pinceau de Robert, dans une enceinte moins riche peut-être de végétation superflue, mais plus cultivée, plus utilement fertile, et plus sûre (ce qui a son agrément) que le bassin de la Campanie ; ceux enfin qui aiment la belle nature, même chez eux, s'arrêteront avec délices dans les bocages de Royat et dans les jardins de Montjoli.

Un petit bâtiment quarré, régulier, élégant, s'élève au milieu des fleurs, des jets d'eau et des bosquets. Les deux genres de le Nôtre et de Morel sont ici rapprochés pour désespérer ceux qui se ruinent en rigoles qui tarissent, ou en rochers peints en détrempe. A mi-côte est une grande et vaste allée de superbes arbres, bornée à une extrémité par un amphithéâtre de verdure; la montagne vient y mourir en pente douce. — En se retournant, les yeux sont frappés de la plus brillante opposition : vous passez magiquement d'un désert à la scène du monde. Là, tout étoit solitaire, calme et doux, jusqu'au jour : tout devient éblouissant, peuplé, tumultueux. Le passage est aussi rapide pour les idées que pour les regards. Vous dominez sur le bassin de Clermont, tout semé d'habitations, et couvert de moissons, de vergers, de prairies. — La scène change. Ce ne sont plus ces arbres alignés, ces bassins réguliers qui annonçoient le voisinage des villes, et leur contrainte qu'ils imitent ; c'est un bois champêtre, c'est un ruisseau libre qui borde des sentiers tracés sans cordeau. L'art auroit-il embelli ces rochers, planté ces lierres, ces tiges naturelles qui s'entrelacent si gracieusement? Quelquefois sous une roche est un siége agreste fait avec un tronc d'arbre. Une seule grotte offre dans son intérieur un peu plus de recherche, mais elle est toujours simple, et d'accord avec l'ensemble, dont elle est un accessoire. Le terrein est sablé ; un lit de mousse est autour. Au milieu de la grotte est une table ; il n'y a que quelques siéges : on ne vient point là se réunir bruyamment, on y vient pour jouir de la nature et de soi-même. Sur la table étoit un livre ; il n'y avoit d'écrit que les vers suivans, adressés *au contentement*.

Contentement, père du vrai plaisir,
Nuage d'or que le desir embrasse,
Toi, que l'œil cherche, et qu'il ne peut saisir,
Dans l'univers, où fixes-tu ta place ?
Daigne jeter un seul regard sur moi ;
Daigne choisir mon cœur pour sanctuaire.

Heureux sont ceux que ta sagesse éclaire !
Tu leur apprends un art qui n'est qu'à toi,
L'art de borner ses desirs sans envie,
Ce vrai secret qui donne le bonheur,
Qui sait changer dans le creuset du cœur
En poids légers les peines de la vie.
Tu leur apprends que l'air de gravité
Marque l'orgueil, et non pas la sagesse,
Et que le front ne peut, sans fausseté,
Feindre la joie, ou cacher la tristesse.
Ils sont au port ; le reste des humains
Lutte autour d'eux au milieu des tempêtes.
La foudre tombe, et ses éclats sont vains,
Car ton égide en garantit leurs têtes.
Sans disputer sur chaque dogme obscur,
Tout en croyant qu'il est une autre vie,
Le bien présent leur paroît le plus sûr,
Le bien qu'ils ont suffit à leur envie.

Le dieu, sensible à ma peine, à mes vœux,
M'a regardé ; je le sens qui m'inspire ;
Il a dicté ce que mon cœur desire,
Ce qu'il me faut enfin pour être heureux.

Je crois me voir deux mille écus de rente,
Près de la ville un joli petit bien,
Vraiment à moi, sur quoi je ne dois rien :
Une maison dont la vue est charmante,
Petite, propre, et sur-tout en bon air.

J'ai sous la main deux serviteurs fidèles;
Ayant le choix, je les ai pris femelles.
On en est mieux, il en coûte moins cher.
Ensuite j'ai la servante maîtresse,
Tenant les clefs, gouvernant la maison,
Douce, causante et fraîche; elle a son nom
Pour tant d'emplois: on sait que c'est ma nièce.
Mais ce que j'aime encor, c'est que chez moi
Nul ne se croit plus d'esprit que son maître.
Oui, mon manoir vaut le palais d'un roi,
Et mon ami s'y plaira mieux peut-être.
Il a sa chambre; il y vient quand il veut;
Le meuble est simple, et sans magnificence;
Dans ma maison rien ne sent l'opulence,
Mais l'hôte, au moins, reçoit le mieux qu'il peut.
Sous ma fenêtre un tapis de verdure
Est doux à voir, et plus doux à fouler.
Que de parfums doivent s'en exhaler
Dès que l'aurore éveille la nature !
Mon bois reçoit sous ses asyles verts
Ce peuple ailé qui semble me connoître.
Je le nourris; il croit payer son maître
Par le tribut de ses joyeux concerts.
Quels beaux aspects offre mon paysage !
Flore et Cérès m'étalent leurs présens :
Moissons, cités, montagnes et torrens,
Dans ce tableau votre confuse image
Parle à mon cœur encor plus qu'à mes sens.
Puis je reviens à cet antique ombrage

Dont les remparts repoussent l'Aquilon.
Là, le silence, un autre ami du sage,
Me fait trouver la méditation.

Voilà comment, à l'hiver de ma vie,
J'espère enfin arriver pas à pas.
De corps, d'esprit, je ne connoîtrai pas
Les maux divers que le vulgaire essuie.
Et puisqu'au sort on ne peut échapper,
Lorsque le Temps de sa faulx meurtrière,
Mon tour venu, sera prêt à frapper,
La mort clora ma paisible paupière :
Je tomberai, comme on voit le fruit mûr
Abandonner la tige maternelle,
Je quitterai ma dépouille mortelle
Plein de l'espoir de renaître plus pur.

J'ai appris depuis que cette pièce étoit une imitation du poète anglais Green; j'avois cru ces vers inspirés par le lieu.

LETTRE XXX.

Les villages qui avoisinent Clermont du côté de Royat, bâtis presqu'à l'italienne (1), avec de jolies fontaines bien abondantes, construites avec goût et faites de larges dales volcaniques, ressemblent aux environs de Naples. Mais les fontaines, les grottes, les bocages de Royat ont un charme qui manque au sol brûlant des champs Phlégréens : on y trouve par-tout la fraîcheur ; c'est un luxe de sources, de torrens, de chutes d'eau qui environnent, sans fatiguer les yeux. L'onde fuit sous toutes les formes; elle coule, elle se précipite ; elle est limpide, elle écume; elle est silencieuse, elle murmure. Les poètes y verroient

---

(1) A combles brisés, à cause des vents.

Protée s'échappant de l'urne des Nayades. Sur ces bords si délicieusement arrosés, la végétation ne connoît pas la décrépitude; la jeunesse des arbres y est longue, et leur force est toujours la même. Jamais la mousse parasite n'ose s'attacher à leur écorce :

« In toto nusquam corpore menda fuit ».

Ovide.

Loin d'ici l'ame froide qui doute qu'on ait adoré les Dryades ; loin d'ici le cœur de vingt ans qui ne regrette pas qu'on les ait bannies. Peut-on ne pas aimer à croire que cette enveloppe déjà vivante a été animée ? Peut-on voir froidement ces alisiers qui respirent, toucher cette peau lisse et sans tache, comme le corps même des nymphes des bois !

Quercia gli appar, che per se stessa incisa
Apre feconda il cavo ventre, e figlia:
E n'esce fuor vestita in strania guisa
Ninfa d'età cresciuta (ô maraviglia !)

E vede insieme poi cento altre piante
Cento ninfe produr dal sen pregnante.
(*Gierus. Liberata, cant. 18.*)

Forêt enchantée du Tasse, si vous n'avez été qu'une illusion, c'est la verité qui a tort.

C'étoit sur le chemin de Pouzzoles, où la nature est si riche, mais si chaude, que Virgile écrivoit :

O qui me gelidis in vallibus Hœmi
Sistet !....

C'est aux gorges délicieuses de Royat et de Fontana, s'il les avoit connues, qu'il eût adressé ces vers avec bien plus de raison qu'au sauvage et glacé mont Hémus, qu'il ne connoissoit pas. Il se seroit assis près de ce ruisseau si limpide, au pied de cet énorme lit de basalte ; et sur le bloc éternel, il auroit gravé des vers meilleurs que ceux qu'on y lit.

A quinze pieds de hauteur, un poète qui avoit le temps, s'est donné la peine d'écrire avec beaucoup de patience, et en usant sans doute plus d'un outil, l'inscription suivante :

*Deo, Musis et Genio,
Et blandè scaturientibus Royaticis Nymphis
Suique nominis memoriæ et vitæ æternæ
Gabriel* (1). . . . .
D. S. P.
1558.
ΕΥΔΟΚΙΑ.
Kal. oct.

Ces mots sont gravés sur le basalte, la plus solide des pierres : le temps en a déjà effacé une partie. Je pensois qu'il en seroit de même de celle de toutes les inscriptions dont je me souviendrai le plus long-temps.

En 1794, le naufrage révolutionnaire me jeta devant la porte des Charmettes.

---

(1) L'intention d'immortalité a été trompée, car là commencent les mots illisibles.

Je vis une petite maison sans apparence, bâtie dans une gorge, un site assez sauvage, un parterre mesquin, des buis et point de pervenche.....J'aurois continué de chercher la demeure de Rousseau, si je n'avois lu sur la porte les vers suivans, gravés en lettres d'or sur un marbre noir :

> Réduit par Jean-Jacque habité,
> Tu me rappelles son génie,
> Sa solitude, sa fierté.
> A la gloire, à la vérité,
> Il osa consacrer sa vie,
> Et fut toujours persécuté,
> Ou par lui-même, ou par l'envie.
>
> (*Par Héraut Séchelles , représent. du peuple dans le départ. du Mont-Blanc. Fév. 1793.*)

Je lisois cela, et l'homme qui avoit ainsi paraphrasé le *vitam impendere vero*, et qui ne craignit pas de dire à son retour : *La force du peuple et la force de la raison sont une seule et même chose :* cet homme de qui Louis XVI dit, en voyant son nom parmi ceux qui l'avoient condamné, *Eh quoi ! lui aussi !* Héraut de

Séchelles enfin, venoit de périr sur l'é‑
chafaud.

Ce n'est pas sans d'autres regrets, sans
d'autres tristes souvenirs que je vis cette
belle, cette pittoresque grotte de Royat,
d'où les sources s'élancent par sept bou‑
ches séparées, n'être pas autre chose que
la buanderie du village. Les sources de
Royat ne sont pas aussi célèbres, mais
elles ont le même sort que la fontaine
d'Aréthuse.

LETTRE XXXI.

La route de Clermont à Riom est une promenade dans un jardin. Cette longue vallée, garantie des deux côtés par deux chaînes de montagnes, n'offre que vignobles, que châteaux, que maisons de campagne. Le cardinal de Richelieu y passa en litière dans sa dernière maladie, foible de santé, mais fort de puissance; ennemi de la noblesse, parce qu'il la craignoit: il fit raser la plupart de ces donjons, comme Tarquin abattoit, en se promenant, les têtes de ses pavots. Tout est ruines; on ne distingue plus aujourd'hui celles qu'il faut attribuer à la défiance du ministre, ou celles qui appartiennent à la fureur révolutionnaire. On reconnoît encore Tournouèle, qui étoit au chevalier Bayard; et sous des dehors plus agréables et moins menaçans, Mirabelle, qu'habite madame de Chaz...., c'est-à-dire, si l'on en croit la voix publique, la bonté et l'humanité partageant encore avec les malheureux les restes d'une opulence méritée.

Près de-là est Volvic, cette immense et inépuisable carrière d'où sont sorties presque toutes les cités environnantes, et qui va avoir l'honneur de fournir la colonne départementale.

C'est avec des coins et une masse qu'on tire la pierre à Volvic. L'ouvrage est d'autant plus pénible, qu'on n'est jamais sûr d'avoir en entier le bloc qu'on attaque. Les carrières ne sont pas souterraines, et on travaille sur place les différens objets demandés. J'ai vu des pierres de quatorze pieds de longueur, et deux lions de six pieds de long sur quatre et demi de large. Je crois qu'on les estimoit vingt-cinq louis.

Il n'y a guère de villes mieux situées,

dont les approches soient plus gaies, qui aient des promenades plus agréables, et sur-tout de plus jolies fontaines que Riom. Ses fontaines, les bancs de ses boulevards, ses portes, les ornemens de ses maisons, tout est en pierre de Volvic, c'est le marbre de l'Auvergne. La douce hospitalité, la gaîté franche de ses habitans répondent aux riches paysages qu'ils ont chaque matin sous les yeux en s'éveillant. Dans les montagnes, on trouve la nature toute nue, comme la vérité; les Graces ne dédaignent pourtant point une gaze transparente. C'est ainsi que les danses, que les chansons montagnardes ont gagné à descendre dans les villes, où, comme à Riom, de jolies voix leur ont ajouté de plus douces inflexions, de jolis pieds, plus de légéreté, sans leur rien ôter de la simplicité et de la naïveté primitives. J'aime mieux une bourrée montagnarde dansée en bas de soie et en petits souliers, que sautée par les paysannes même, dont les yeux, dont les bras ne savent rien dire, et dont les sa-

L

bots seuls vont en mesure. Il en est de même des chansons de la montagne. Les voix champêtres n'ont pas le droit exclusif de les chanter avec grace, et ce patois naïf a quelque chose de neuf dans la bouche d'une jolie femme de la ville.

Rien n'est doux et simple comme l'air de cette montagnarde si connue dans le pays, sur lequel M. de Clermont-Tonnerre fit ces jolies paroles :

> Aurai longuement souvenance
> Du beau damoisel de Servance, &c.

Mais il en est d'autres en patois qui ne cèdent à celle-là ni en naïveté, ni en expression, et dont l'air et les paroles sont vraiment montagnards. Telle est la chanson qui commence ainsi :

> Le cœur de ma mie y fait tant de mau
> Quand io la van vere, la soulage un pau, &c.

Je laisse les gourmands vanter les grenouilles de Riom, et la manière dont on les accommode; mais je n'oublierai pas de parler d'un passe-temps qui sera d'un goût beaucoup plus général, et dont je n'ai pu trouver nulle part de trace historique, quoique ce soit un divertissement très en vogue dans l'Angoumois, dans la Marche, dans l'Auvergne, et sur-tout à Riom. Je veux parler du jeu de *capiote,* dont le nom seul désigne l'antiquité et l'origine. C'étoit chez les Romains une espèce de jeu qui sans doute avoit son rang et son nom. Il porte avec lui une publicité qui avoit une cause ou un but; il tient de la gaîté, de la liberté des Saturnales; et s'il avoit une place, c'étoit sans doute parmi les jeux *compitaux*. Le *capiote* est un défi entre deux personnes; il faut se surprendre; on se déguise, et le premier qui reconnoît l'autre, dit *capio,* et il gagne un point. On recommence jusqu'à ce qu'un des deux ait douze points. Le vaincu perd un déjeûner, un goûter, enfin tel prix convenu; tous les amis profitent du résultat, de quelque côté que soit le succès, de sorte que les regardans suivent cet assaut de ruses avec le même plaisir que les acteurs qui s'y livrent, ce qui n'arrive pas toujours dans les spectacles de société.

Mais le voyageur sensible et observateur qui aura séjourné quelque temps à Riom, se souviendra bien moins de ces ingénieux passe-temps, de ces promenades, de ces fontaines, de ces jolis sites, que d'un être dont la destinée y intéressera long-temps. Le nom de Riom se présentera toujours dans son esprit à côté des mots d'innocence et d'injustice. Un homme aussi modeste qu'estimé y a été pendant près d'une année le jouet de la tyrannie inconséquente. Le Directoire étoit fatigué de l'entendre appeler le juste, et le frappa aussi de l'ostracisme. La haine n'osa pas reconnoître pour émigré celui dont les certificats de résidence n'étoient presque que les écrous de ses prisons; mais n'ayant que le choix de l'envoyer à la mort, ou de le mettre en liberté, on le déporta ; *et après tout*, disoit alors un des cinq, le moins inhumain peut-être, et le plus vrai dans ce moment là, *est-ce un si grand malheur que d'être hors de France ?*

On le transféra par la plus rude saison dans une charrette découverte, avec plusieurs compagnons d'infortune. Dans cette translation, il se passa une scène qui mériteroit la plume de Sterne.

La voiture venoit de traverser une ville où la populace avoit accablé les prisonniers d'injures. Un petit vieillard suivoit encore. L'ame paisible du plus doux des hommes s'indigna dans ce moment. Il reprochoit à cet inconnu son acharnement, quand il le vit joindre le brigadier qui commandoit l'escorte, et le prier, en lui donnant un petit écu, de procurer la nuit suivante quelque soulagement à ceux qu'il conduisoit.

Quelles réflexions ne fournissent pas

d'un côté, la compassion timide de ce bon vieillard qui n'avoit pas osé offrir plutôt ses secours ; de l'autre ce premier mouvement d'indignation que l'homme vertueux se reproche si sincèrement !

LETTRE XXXII.

Près de Riom est la petite ville d'..... J'y ai vu une personne dont la conversation est la plus piquante , la plus attachante possible. Je fais une faute quand je dis conversation, car le plus souvent c'est elle qui parle ; mais on ne voudroit pas l'interrompre. C'est une précision d'idées , d'expressions même qu'on ne peut se figurer : toujours le mot propre, le mot qu'on chercheroit, et tout cela a une teinte d'originalité inimitable. Le plus souvent il y avoit une victime que je ne connoissois que de ce moment là ; mais j'écoutois , comme on lit les lettres de *Junius* ou les *Provinciales*. Quelqu'un qui fermeroit les yeux, croiroit entendre des vers d'Archiloque (1). Cette personne a

---

(1) Les Français ne peuvent pas connoître Ar-

le sens très-juste, et beaucoup de suite dans les idées. Cependant elle ne connoît le monde que par ce qu'on lui en a appris, car elle n'est jamais sortie de la Limagne. Elle ne sait pas même que c'est Cicéron qui a dit que *rien ne se hasardoit mieux que la médisance, parce que rien n'étoit si bien reçu.* Elle n'a pas besoin de le savoir, et je crois qu'elle médit comme Cassandre prophétisoit. Il ne lui en coûteroit pas de dire du bien des autres; mais c'est qu'elle ne le retient pas. L'auteur des Maximes assure que *d'ordinaire on est médisant plus par vanité que par malice :* aussi M. Chérin n'épluchoit-il pas une généalogie comme Mad....... — Ce n'est pas son portrait qu'Addisson a prétendu faire, mais on le commenceroit de même que lui.

---

chiloque, qui disoit qu'il valoit mieux fuir que de mourir les armes à la main : il est vrai que cela le fit chasser de Sparte. Ce poète inventa le vers iambique, avec lequel il emportoit la pièce: *Archilochum proprio rabies armavit iambo.*

This heroine hat outdone the whole sisterstood of Gossips, in invention, quick utterance, und unprovoked malice, &c. &c. (1).

C'est près de la même ville qu'est né l'Abbé Delille, qui perd la vue comme Homère. Il est obligé de retenir de tête ses vers, de peur qu'on ne les lui vole, s'il les dictoit. Le meilleur de nos poètes vivans n'auroit pas de successeur s'il falloit prendre à la lettre ce mot d'un homme d'esprit : *Comment aurions-nous encore des poètes, si nous n'avions plus ni religion ni amour ?* — Mais les poètes passent, s'il faut en croire Helvétius, par la gradation naturelle des progrès de l'esprit humain. *Dans la Grèce*, dit-il, *dans Rome, dans presque tous les pays, le siècle des poètes a toujours annoncé et*

---

(1) « Elle a surpassé tout ce qu'il y a de plus habiles causeuses, soit pour l'invention, la facilité de s'exprimer, ou la malice ».

Spectateur, t. VI, n°. 427.

précédé celui des philosophes. Aussi les leçons de goût du Virgile français n'ont-elles fait que préparer des leçons morales qui ne peuvent appartenir qu'à notre siècle. Le poète Delille, forcé de travailler pour une fête à l'Être suprême, avoit écrit ces courageuses strophes :

O vous, qui de l'Olympe usurpant le tonnerre,
Des éternelles loix renversez les autels,
    Lâches oppresseurs de la terre,
    Tremblez, vous êtes immortels.

— Pour obtenir leur faveur, un philosophe donna son étrange et scandaleuse leçon sur les sens, au mois de mars 1795, c'est-à-dire dans un temps où l'immoralité n'avoit même plus la peur pour excuse (1).

---

(1) Voyez la note à la fin de l'ouvrage.

LETTRE XXXIII.

Ici on sort de la Limagne et on rentre dans le Bourbonnais par les effrayans défilés de Pont-de-Mena. C'est quitter les Champs Elysées pour se retrouver dans le monde habité par les hommes. On s'en apperçoit dès les premiers pas, car on rencontre à une lieue d'........ sur le grand chemin, une masure qu'on n'a abattue que parce que c'étoit un repaire de voleurs. L'existence de pareils gens est sûrement un grand fléau pour la société, mais ce n'est pas un remède au mal qui soit digne des progrès de l'esprit humain, que de raser une maison ou de rouer des hommes pour punir le brigandage. Le criminel chez qui le sentiment de l'estime n'est quelquefois qu'altéré, ne mérite-t-il aucune pitié, lorsque les loix ont tant d'indulgence pour celui chez qui ce sentiment est desséché jusqu'au germe? Une seule faute va décider qu'un homme sera un brigand et mourra probablement sur l'échafaud ; car le premier pas fait, il ne peut plus reculer. Quelqu'étrange qu'il soit, quelqu'utile qu'il soit devenu au bout de quatorze ans, au bout de quarante ans, il n'a point de sauve-garde contre la loi (1). Comment ceux qui croient à la miséricorde dans les jugemens de Dieu, peuvent-ils l'exclure des jugemens qu'ils rendent eux-mêmes?

A côté de cette déplorable destinée, plaçons un moment celle du filou. Un brigand peut inspirer la pitié, un filou n'inspirera jamais que le mépris. Ce fut un brigand qui crut à la parole de Turenne. Celui-ci a pour lui le courage, l'autre a l'éducation. Heureux dans un premier larcin, le filou commence une plus brillante carrière, il est en état d'être

---

(1) Voyez l'*Annual Register*, de 1759, *Eugène Arana, André Horne.*

fripon. Le fripon une fois riche, mourra horizontalement. Presque toujours le filou agit avec sécurité pour les suites, tandis que le brigand n'obtient le plus souvent qu'à péril égal. Pourquoi le plus méprisable est-il le plus épargné dans les législations, tandis que son exemple est bien plus dangereux? Pour être filou il ne faut que de l'adresse, et une adresse qui ne peut jamais servir qu'à des usages coupables. Pour être brigand, il faut non-seulement du courage, mais une sorte de capacité, et de ce quelque chose qui diminue la distance entre un pirate et Alexandre, entre le crime qu'on juge et le crime qu'on admire.

D'après les loix pénales de la Pensylvanie, aucun crime n'est puni de mort, excepté l'assassinat au premier chef, c'est-à-dire, commis avec préméditation. Les Américains, dans leurs maisons de correction, réduisent un criminel, pendant dix ans s'il le faut, au pain, à l'eau et au silence. On peut apprivoiser l'homme brigand comme l'animal sauvage. Dans sa retraite il reçoit de bons conseils, il n'a auprès de lui que le repentir, et il l'écoute pour ne pas vivre seul. Enfin l'expérience consacre l'utilité de cette idée conservatrice, si naturelle à ne pas perdre de vue dans toute société où le mal est inséparablement à côté du bien.

LETTRE XXXIV.

Le chemin de Pont-de-Mena est taillé dans le tripoli, qui fait ici la base des montagnes. Son mélange avec le mica, ses diverses nuances, tantôt brillantes, tantôt rouges et sombres, où le mica prend tour à tour la teinte de l'or et celle de l'argent, toutes ces riches couleurs vivifiées par un rayon du soleil offrent le paysage le plus singulier. Le torrent de la Sioule coule au fond de la gorge, ou plutôt de l'abîme, où le village de Pont-de-Mena paroît d'une manière aussi pittoresque que toutes les autres masses de ce tableau sauvage. Tout ce sol invite le naturaliste à des recherches fructueuses, mais il faut y séjourner. On trouve des pierres pleines de fer ou de cuivre, des poissons pétrifiés, même des améthystes. Au reste, aucun renseignement de la part des habitans ; on est aussi étonné de les entendre parler français, que de voir des hommes demeurer dans une pareille Thébaïde sans y être condamnés.

La jolie comtesse qui a porté le nom du vilain château qu'on a sous les yeux au milieu de ces gorges épouvantables, a dû, si elle y a jamais été conduite, bénir la politique et la galanterie de François 1er, pour avoir fait quitter à ses barons, et sur-tout à leurs femmes, leurs vieux donjons. C'est dommage qu'ils aient laissé dans le déménagement ces vertus qui tenoient de l'ancienne roche, cette austère franchise, ce naïf honneur. Leur esprit s'est poli à la cour comme le diamant brut ; il y a eu beaucoup de déchet. Ils ont appris à obtenir les graces ; chez eux ils n'apprenoient qu'à les mériter, et la plupart à s'en passer. Mais il n'en est pas moins vrai que leurs châteaux étoient de tristes séjours, et que Segrais vaut mieux que le château de Bl..... Je

vais cependant essayer de vous peindre
ce noble manoir.

« Vous ne devez vous attendre à rien
» de régulier dans ma description, pas
» plus que dans la maison. Tout ce vaste
» édifice est tellement désuni dans son
» entier, les différentes parties qui le
» composent sont si disparates, quoique
» réunies sans qu'on puisse dire com-
» ment, que dans un des accès de ma
» verve poétique, je me suis imaginé
» qu'elles avoient formé un village du
» temps d'Amphion, et que les divers
» bâtimens qui composent aujourd'hui
» le château s'étant mis en danse, ils se
» sont rapprochés, et jusqu'à ce jour,
» sont restés immobiles comme des ro-
» chers, encore tout étonnés de se voir
» les uns auprès des autres.

» Vous m'excuserez si je ne vous parle
» pas de la façade; mais en vérité je ne
» saurois dire de quel côté elle est. Un
» étranger se trouveroit désagréablement

» trompé, s'il se flattoit de faire son en-
» trée dans cette maison comme on entre
» ordinairement dans les autres. Après
» avois traversé le vestibule, on auroit
» raison de s'attendre à arriver dans la
» salle. Hélas! rien moins que cela ; on
» se trouve au milieu de l'office. Du par-
» loir, vous croyez pénétrer dans la salle
» de réception, point du tout. Ouvrez
» une porte revêtue d'énormes clous,
» au bruit des ailes d'oiseaux qui s'en-
» volent, au nuage de poussière qui vous
» aveugle, vous vous appercevrez sur-
» le-champ que vous êtes dans le colom-
» bier. Si vous allez dans la chapelle,
» vous y trouvez des autels comme ceux
» des anciens, continuellement enfumés;
» mais c'est de la cuisine qui y touche
» que sortent ces parfums.

. . . .

» Les murs de la grande salle sont or-
» nés de cornes monstrueuses d'animaux,
» d'une vingtaine de piques brisées, de
» dix à douze mousquetons, et d'une ou

» deux vieilles arquebuses à rouet. On
» a soin de vous instruire que toutes ces
» armes ont servi dans les guerres ci-
» viles.

» Cette salle est percée d'une vaste fe-
» nêtre ceintrée, superbement obscurcie
» par différens écussons peints sur les
» vitraux. Sur undes panneaux de verre
» on distingue la date de 1286. C'est le
» seul reste de la mémoire d'un cheva-
» lier, dont l'armure de fer est depuis
» bien long-temps dévorée par la rouille,
» et dont la figure d'albâtre, placée sur
» son tombeau, a été mise en poudre par
» le temps. L'effigie de dame Eléonore,
» que l'on voit peinte sur un autre pan-
» neau, doit plus à ce simple carreau de
» verre qu'à tous les miroirs qu'elle a
» consultés pendant sa vie. Après de tels
» exemples, qui osera taxer le verre de
» fragilité, lorsque sa durée n'est pas de
» moitié aussi frêle que celle de la beauté
» ou de la gloire? Je ne puis cependant
» m'empêcher de gémir, en pensant que

» les seuls monumens authentiques qui
» conservent la mémoire d'une aussi an-
» cienne famille, soient à la merci du
» premier polisson auquel il peut pren-
» dre fantaisie de jeter une pierre. Jadis,
» dans cette salle, dînèrent des cheva-
» liers, des dames servies par leurs
» écuyers, et hier au soir encore, un
» malencontreux hibou vint par méprise
» s'y réfugier; il prenoit ce lieu vénéra-
» ble pour une grange.

» La salle conduit dans le grand par-
» loir. Vous n'avez, pour y parvenir,
» qu'un seuil un peu élevé à franchir.
» Les meubles consistent dans une vieille
» épinette, dont la caisse est défoncée;
» un couple de fauteuils en velours plus
» que râpé, avec deux ou trois tableaux
» de famille, presque effacés par la moi-
» sissure. Ces figures gothiques font une
» aussi laide grimace que si elles s'échap-
» poient des chaudières de l'enfer, le vi-
» sage encore plein de soufre. Ces por-
» traits sont soigneusement placés au

» fond de la pièce, car les fenêtres étant
» en grande partie brisées, elles ont ren-
» du ce lieu si commode pour sécher des
» graines ou des légumes, qu'on l'a con-
» sacré à cet usage.

» Près du parloir, comme je l'ai déjà
» dit, se trouve le colombier. Tout au-
» près est un couloir qui mène d'un côté
» à une chambre à coucher, et de l'autre
» au garde-manger, ainsi qu'à une espèce
» de niche qu'on appelle le cabinet de
» l'aumônier.

» Sous le grand escalier est placée la
» laiterie. Un peu plus loin, sur la droite,
» on trouve le commun pour les domes-
» tiques ; et précisément à côté, après
» avoir monté six marches, l'oratoire de
» la dernière dame du château. Cet ora-
» toire a une petite fenêtre grillée, qui
» a vue sur le commun. Nous imagi-
» nons qu'elle étoit destinée à procu-
» rer à la bonne dame, en même temps
» qu'elle faisoit ses prières, le coup-

» d'œil sur ses gens, mâles et femelles.
. . . .

» La cuisine est bâtie en forme de ro-
» tonde. Sa large voûte s'élève jusqu'au
» faîte du bâtiment. Elle se termine par
» une vaste ouverture destinée à laisser
» sortir la fumée, et entrer la lumière.
» A l'aspect des murailles noircies, des
» brasiers disposés circulairement, des
» immenses chaudières, des bouches énor-
» mes de ces fours et de ces fourneaux,
» on se croiroit transporté dans les for-
» ges de Vulcain, l'antre de Polyphême
» ou le temple de Moloch. L'horreur que
» ce lieu inspire fait une telle impres-
» sion sur les gens du pays, qu'ils sont
» persuadés que les sorcières tiennent là
» leur sabat. On sait par tradition que le
» diable les y régale chaque année de gi-
» bier infernal, leur faisant servir un
» tigre rôti au feu d'enfer, et lardé de
» clous de charrette.

» Les escaliers une fois montés, vous

» trouvez un grand nombre de cham-
» bres ; on ne peut communiquer de
» l'une à l'autre qu'en escaladant ou des-
» cendant un certain nombre de mar-
» ches. Le meilleur appartement est bas
» et étroit, dans l'exacte proportion d'une
» boîte à rabats. Dans la plupart des
» chambres, les tapisseries sont du tra-
» vail le plus délicat que l'art puisse of-
» frir, c'est-à-dire de l'espèce qu'Arachné
» file et tire de ses propres entrailles.
» Sans ce genre de tenture, tout le châ-
» teau n'offriroit que l'aspect désolé de
» murailles dépouillées, de planchers en
» ruines, de fenêtres brisées et de ver-
» roux rouillés. Le toit est dans un tel
» état de délâbrement, qu'après une pluie
» douce, on peut s'attendre à une récolte
» de mousserons qui percent de par-tout
» entre les fentes du plancher. Les por-
» tes sont aussi basses et étroites que
» celles d'un paquebot. Ces chambres
» n'ont eu depuis nombre d'années, d'au-
» tres habitans que certains rats, très-
» dignes par leur âge de ce lieu véné-

» rable, car le temps les a rendus tous
» gris. Comme jusqu'à ce jour ils n'ont
» point abandonné leur manoir, nous
» espérons que cette antique construc-
» tion ne s'écroulera point pendant le
» peu de temps qui reste à vivre à ces
» pauvres animaux. Réellement ils sont
» trop infirmes et trop décrépits pour
» pouvoir songer à changer de demeure.
» Quelque peu de livres qui traînent en-
» core, fournissent à leur subsistance
» journalière.

» Nous n'aurions jamais vu la moitié
» de ce que je viens de vous décrire,
» sans un vieux concierge à cheveux
» blancs, qui lui-même est une antique
» aussi curieuse que le château. Au pre-
» mier coup-d'œil, on le prendroit pour
» un ancien portrait de famille qui se
» promène, détaché de son cadre. En
» nous conduisant de chambre en cham-
» bre, il nous a fait part de diverses anec-
» dotes de la famille. . . . . . .
» . . . .

» La porte d'une de ces chambres étoit
» condamnée, et notre guide nous con-
» fia à l'oreille la raison de cette parti-
» cularité. Il paroît que la pureté du
» sang de cette noble race avoit été un
» peu altérée il y a environ deux cents
» ans, par une foiblesse de certaine
» aïeule qui fut prise sur le fait avec
» un prieur du voisinage. Depuis ce
» temps, le lieu du délit avoit été cade-
» nassé, et flétri du nom de *chambre du*
» *scandale*. On prétend que le spectre
» de la pauvre dame s'y promène en-
» core, et quelques servantes ont vu,
» par le trou de la serrure, son vertu-
» gadin. Cette anecdote est ensevelie dans
» le plus grand secret, et il est expres-
» sément défendu aux domestiques d'en
» parler. . . . .
» . . . .
» . . . . . ».

Quelques personnes trouveront que ce château-là a une grande ressemblance avec le manoir dont Pope envoyoit la description au duc de Buckingham. En effet, je les crois tous deux du même architecte (1).

---

(1) *Voyez* la note à la fin de l'ouvrage.

LETTRE XXXV.

Dans tout ce pays on trouveroit à peine six châteaux qui n'aient pas été dévastés pendant ces derniers temps ; mais dans tout ce pays, mais dans toute la France, on ne trouveroit pas six tombeaux qui aient été respectés. Les hangars et le cloître des Petits Augustins à Paris, sont le seul asyle qu'aient trouvé les cénotaphes de marbre, débris plus ou moins mutilés de la gloire, de la grandeur ou de la reconnoissance publique. Quel est le champ du repos dont on ait respecté les portes ? Quels sont les arbres sacrés protégeant de leur ombrage antique les simples tombes des patriarches des hameaux, qu'on n'ait pas abattus nationalement ? Ce n'étoit point devant des grilles arrachées, au milieu des tombes abandonnées, aux pieds des monumens dégradés et profanés, que dans l'adolescence de ma vie j'essayois de répéter ces touchantes et grandes pensées où se peint l'ame ferme et religieuse du poëte anglais.

J'entends le couvre-feu qui sonne :
Le laboureur, à pas pesans,
Las des travaux qu'il abandonne,
De tout côté revient des champs.
Prolongeant ses mugissemens,
Le troupeau suit sur la bruyère ;
Chaque groupe approche à pas lents :
Le jour qui finit sa carrière
Les ramène sous l'humble toit,
Et dans l'univers solitaire
La nuit reste seule avec moi.
L'ombre vient brunir la verdure,
Et se mêle à l'azur des cieux.
Un silence majestueux
A soumis toute la nature.
Le seul escarbot dans les airs,
Du bruit de son aile indiscrète,
Trouble la paix de l'univers.
J'entends du fond de sa retraite,
Sur ces donjons abandonnés,
D'un lierre antique couronnés,
J'entends la sinistre chouette.
Sans doute auprès de son réduit

Un passant égaré s'approche,
Et l'oiseau farouche reproche
Ce crime à l'astre de la nuit.

Sous ces vieux ormes dont l'ombrage
Par le temps semble révéré,
Est un terrein qu'un saint usage
De siècle en siècle a consacré.
L'herbe épaisse y couvre la place
Où, dans leur modeste tombeau,
Sont déposés de race en race
Les patriarches du hameau.

Sur leur couche silencieuse
Rien ne peut rompre le sommeil.
Des zéphyrs l'haleine amoureuse,
De Flore annonce le réveil :
En vain de retour l'hyrondelle
Sort du nid, et vole en sifflant;
Du coq, c'est en vain que le chant,
Dès l'aube, aux travaux les rappelle :
Le soir on ne reverra pas
Fumer le toit de leur chaumière,
Ni leur active ménagère
Gaîment apprêter le repas.
Leurs enfans, sautant d'alégresse,
Signaloient ce retour si doux,
Et grimpoient jusqu'à leurs genoux,
Pour s'arracher une caresse.

Des épis tombés sous leur main,
Si l'amas s'offroit à leur vue !....
Oh ! combien de fois leur charrue,
Du sol rebelle ouvrit le sein !
L'aurore, dès qu'elle étoit née,
Entendoit leur joyeuse voix,
Et chaque jour, sous leur cognée,
Retentissoit l'écho des bois.

Vous dont l'ame en proie aux alarmes
Ne sent que la soif des grandeurs;
Vous à qui la paix de leurs cœurs
Ne sauroit présenter de charmes,
Sans doute à leur obscur bonheur
Votre œil dédaigneux va sourire,
Car tout est court et simple à lire
Dans les fastes du laboureur.
Grands noms, souveraine puissance,
Vaines richesses, vains appas,
Quand l'heure fatale s'avance,
La mort ne vous reconnoît pas.
Les vains lauriers de la victoire
Se courbent devant son niveau;
Les brillans sentiers de la gloire
Aboutissent tous au tombeau.

Lorsque le laboureur succombe,
L'airain n'ébranle point les airs;
Pour lui les marbres de la tombe
D'écussons ne sont pas couverts.

Du temple on n'entend point la voûte
Répéter les hymnes de deuil,
Ni l'éloge imposteur sans doute
Que la bassesse offre à l'orgueil.

On ne rappelle point la vie.
Ce buste en vain semble animé;
Une fois le tombeau fermé,
En vain la voix de l'honneur crie;
Près d'une poussière qui dort,
En vain même la flatterie
Parle à l'oreille de la mort.

Ce monceau de cendre ignorée
Cacha peut-être à tous les yeux
Des cœurs où de célestes feux
Couvoit l'étincelle sacrée.
Peut-être des accens divins
Seroient-ils sortis de leur lyre;
Peut-être leurs mains, d'un empire
Auroient dirigé les destins;
Mais à leurs regards, la science,
Riche des dépouilles du temps,
A caché ses tableaux brillans;
Mais toujours la triste indigence,
Loin de seconder leur effort,
Hors de leur ame rétrécie,
N'a pas permis que le génie
Ait osé prendre un libre essor.

Ainsi la perle qu'on oublie
Demeure au fond de l'Océan;
Dans la solitude, souvent,
La rose ainsi passe sa vie.
Son odeur embaumeroit l'air,
Son éclat charmeroit la vue;
Mais elle fleurit inconnue;
Mais elle parfume un désert.

Peut-être un autre Hampdem repose
Sans gloire au sein de ces tombeaux;
Il n'a défendu que la cause
Des habitans de ces hameaux :
Quelque Milton, que son silence
A laissé dans l'obscurité;
Quelque Cromwel, dont l'existence
A son pays n'a rien coûté.
On n'a pas vu leur éloquence
Entraîner un sénat nombreux,
Et jamais sur un peuple heureux
Leur main n'a versé l'abondance.
Aucun d'eux n'a reçu du sort
L'honneur de braver la menace,
De se voir plaint dans sa disgrace,
Ou même admiré dans sa mort.
Jamais la voix de la patrie,
Organe de la vérité,
N'a devancé, pendant leur vie,
La voix de la postérité.

AU MONT D'OR.

Si des hommages légitimes
N'ont pas dû payer leurs vertus,
Le ciel n'a pas permis non plus
Qu'on eût à frémir de leurs crimes.
Ils ignoroient jusqu'au remord,
Qu'un cœur plus coupable surmonte;
Ils rougissoient sans trouble encor,
Ne sachant pas rougir de honte.
Pour le riche ou pour l'orgueilleux,
A-t-on vu leur muse avilie,
Au feu sacré de son génie,
Allumer un encens honteux?
Jamais ces fureurs insensées,
Vils tyrans des autres mortels,
N'ont armé leurs bras criminels,
Ni même agité leurs pensées.
Nés simples, nés sans passions,
Trouvant la route de la vie
Tracée au fond de leurs vallons,
Sans en sortir ils l'ont suivie.
Le plus simple des monumens,
Un rustique et fragile ouvrage
S'élève sur leurs ossemens,
Et les protége de l'outrage.
Les vers n'ont pas su l'embellir,
Au sculpteur il faut faire grace.
L'humble pierre, à celui qui passe,
Pour tribut demande un soupir.
L'artiste, de la poésie

N'ayant jamais eu les leçons,
Au lieu d'éloge et d'élégie,
A gravé leur âge et leurs noms.
Parfois aussi c'est un passage
Des livres saints qui vient s'offrir
Au philosophe du village,
Afin qu'il apprenne à mourir.

Car sans effroi, croit-on qu'il voie
Le gouffre du muet oubli
S'ouvrir pour dévorer sa proie ?
Par les angoisses, par la joie,
L'espace des jours fut rempli ;
Mais l'homme, à son heure dernière,
Voudroit reculer le départ :
En arrière il jette un regard,
Et son œil aime la lumière.
Mourant, il se rouvre à moitié ;
C'est une larme qu'il implore ;
L'ame en s'éloignant cherche encore
Et veut rencontrer la pitié.
Le feu vit sous le lit de cendre
Quand la mort éteint le flambeau,
Et de la nature au tombeau
La voix se fait encore entendre.

Dans cette heureuse obscurité,
Toi qui veux achever ta vie,
Toi qui, dans tes vers, as chanté
Ces mœurs simples, dignes d'envie,

AU MONT D'OR.

Crois aussi que la sympathie,
Comme l'amour a son instinct.
Un jour, si quelque ame sensible
Veut s'informer de ton destin,
Et vient jusqu'en ce lieu paisible ;
Quelque bon pâtre à cheveux blancs
Pourra dire : avant que l'aurore,
Du feu de ses rayons naissans
Colorât l'horizon encore,
Nous l'avons vu fouler souvent
Le vallon de rosée humide,
Et sur ces monts, d'un pas rapide,
Devancer le soleil levant.
C'est-là qu'il voyoit le jour naître ;
C'est-là que, libre de tout soin,
Il se reposoit sous ce hêtre,
Qui, de racines, couvre au loin
Le sol qu'ombrage sa verdure.
Là, près d'un ruisseau qui murmure,
Il passoit la moitié du jour.
Voilà le bois où, par l'amour,
Son ame sans espoir blessée,
Passant du dédain aux fureurs,
Jusqu'au tombeau vécut bercée
Par un long prestige d'erreurs.

Un jour, à sa place ordinaire,
Je cherchai notre jeune ami,
Dans le bois, près de la bruyère,

Et sous son arbre favori.
Le lendemain j'y fus encore;
Il n'étoit point au bois chéri,
Ni sur la montagne, et l'aurore
Venoit de se lever sans lui.
Le lendemain au cimetière,
Hélas! c'étoit lui qu'on portoit.
Le ministre saint répétoit
En chemin le chant funéraire.
Approchez, et sur cette pierre
(Vous savez lire, vous) lisez
Les mots que vous voyez tracés :

ÉPITAPHE.

Au sein de la tombe commune
Repose un jeune homme ignoré.
Son nom ne fut point honoré
Par la gloire ou par la fortune.

De la sagesse, avec bonté,
Sa naissance fut accueillie;
Par la douce mélancolie,
Dès l'enfance il fut adopté.
Son cœur éprouva tout le charme
De pouvoir être généreux,
Car il offrit aux malheureux
Ce qu'il possédoit; une larme.
Le ciel juste a créé pour lui

Ce qu'il desiroit ; un ami.
Que vous reste-t-il à connoître ?
Ses vertus, ses vices peut-être
L'ont suivi dans le même lieu.
C'est-là qu'il attend en silence,
Entre la crainte et l'espérance,
L'arrêt et d'un père et d'un Dieu (1).

---

(1) Gray. *Elegy written in a Country Church-Yard.*

LETTRE XXXVI.

Que les hommes nouveaux, les grands du jour ne soient pas touchés de la destruction des tombeaux de famille; mais qu'il nous soit permis de les regretter, ces muets consolateurs qui lioient le passé et le présent à l'avenir par l'assurance d'un même sort. L'imprécation la plus terrible, chez les païens, étoit : *Meurs le dernier des tiens.*

Ah ! rapprochons-nous pour un moment de la nature; reprenons quelque chose d'humain, et opposons au jargon des idéologues ou de leurs caudataires, quelques lignes que j'ai sous les yeux, et qui renferment l'expression touchante de sentimens bien plus vrais. Le langage de l'homme vertueux, plus intelligible que le leur, sera entendu des pères de famille et de cet honnête vulgaire qui aime la philosophie tout en abhorrant les fourbes qui l'exploitoient à leur profit. Ces pensées, que j'aime à consacrer ici, sont d'un véritable philosophe qui a des enfans et qui avoit des tombeaux de famille. C'est ainsi qu'il regrette ses tombeaux et bénit ses enfans :

« Il est bien rare de voir des frères aussi bien pensans, aussi capables, aussi estimables. Graces en soient rendues à Dieu, qui a assemblé leurs os et formé leurs cœurs. Graces soient rendues aux circonstances où ils se sont trouvés, et aux exemples qu'ils ont eus sous les yeux. Graces soient rendues à Dieu, qui a mis de côté et à l'écart, dans ces temps malheureux, des jeunes gens qu'il s'est sans doute réservés pour conserver, dans les descendans de ceux dont on a spolié si indignement les sépultures, les vertus qu'ils tenoient déjà de leurs ancêtres. On avoit regardé comme un éloge suffisant pour Pépin, de mettre sur sa tombe : *Ci gît Pépin, père de Charlemagne.* On dira un jour, comme un grand éloge pour celui qui a donné la vie à ces aimables enfans : *Ci gît le père d'Amable, Eugène, Emmanuel, Auguste et Georges* ».

Les tombeaux étoient tenus en si grande vénération parmi les premiers chrétiens, qu'ils punissoient comme sacriléges ceux qui les violoient. Les inscriptions qu'on y lisoit, contenoient souvent des exécrations horribles contr'eux : *Malè pereat, insepultus jaceat, non resurgat, si quis sepulchrum hoc violaverit.*

Quels pas de plus a faits vers la *perfectibilité* ce peuple qui a laissé de sang-froid outrager sous ses yeux tous ces tombeaux ! Mais aussi aucun Français ne trouveroit plus la ressource qui ne manquoit pas à un Egyptien, mille louis à emprunter sur la momie de sa grand'-

mère (1). Il sembleroit que le cœur humain se détache de ces gages sacrés, à mesure que l'homme s'éloigne de la vie simple et primitive. C'est du moins en raison du plus ou moins de civilisation que nous voyons les peuples y mettre du prix, y attacher du respect. Les Scythes avoient leur patrie au fond de la Scythie, au milieu des tombeaux de leurs pères ; c'étoit là qu'ils défioient leurs ennemis, et là seulement qu'ils les attendoient de pied ferme. — Au contraire, les Athéniens abandonnèrent, quoiqu'avec répugnance, aux Perses, les tombeaux de leurs ancêtres à la voix de Thémistocle et de l'oracle. Et presque de nos jours on a vu six cent mille familles

---

(1) Il ne faut pas qu'on m'oppose Jean de Castro qui, étant aux expédiens, engagea une de ses moustaches aux habitans de Goa, qui lui prêtèrent sur ce gage vingt mille pistoles. Les temps et les lieux diffèrent ; et puis la moustache d'un Portugais, du temps d'Albuquerque, étoit un effet qui avoit de la valeur. Il a perdu depuis.

prêtes à s'embarquer pour Batavia, quand les Hollandais délibérèrent s'ils couperoient leurs digues, et s'ils livreroient leur pays à l'Océan ou à Louis XIV.

Franklin, Herschell et Lavoisier ont pu faire croire que la génération présente avoit acquis un sens de plus ; mais si les bornes de la physique, de la chimie et de l'astronomie ont été reculées, nos métaphysiciens ont permis de penser que l'entendement humain étoit comme la mer, qui perd d'un côté quand elle acquiert de l'autre, et ne découvre des terres nouvelles que par la loi qui lui fait submerger le rivage opposé. C'est ainsi que par le divorce et la latitude immorale qu'on lui laissoit, ils ramenoient cette génération à l'esclavage, non pas des serfs, mais des îlotes. Apparemment qu'à cette époque tout ce qui régnoit étoit fatigué de son pouvoir, car les femmes à qui le divorce ôtoit si sûrement leur empire, ont été les premières à le favoriser. On eût fini par acheter les femmes, par abandonner les enfans. Les riches qui auroient consenti à les nourrir en auroient fait des esclaves, comme de raison. Il y eût eu une gradation quelconque, avant qu'on eût vendu nos romaines ou nos grecques dans des bazars. Une distance respectueuse se seroit d'abord établie entr'elles et nos Brutus, aussi conjugaux, aussi paternels que ces premiers Romains qui se mêloient sans amour, ou aimoient avec brutalité et sans égards : *Who married without love, or loved without delicacy and respect.*

Gibbon, *ch.* 6.

Mais je crois que toutes les femmes auroient voulu jeter par la fenêtre le Romain enté sur le Français, qui seroit venu dire à son auditoire, dans un accès de zèle pour la *perfectibilité*, comme un autre Métellus Numidicus : « Si nous pouvions recevoir l'existence sans le secours des femmes, nous aurions tous un grand embarras de moins ». *Si sine uxore possumus esse, quirites, omnes eâ molestiâ careremus* (1).

AULUGEL. *liv. 1, ch. 6.*

Le vol de ces raisonneurs ne fut pas celui d'Icare : ils n'ont pas donné leur nom à la mer d'Oubli qui les a reçus l'un après l'autre ; ils n'ont eu que le sort de ce fou qui s'éleva de son grenier pour retomber moulu sur un bateau de blanchisseuses. C.... le coryphée de nos métaphysiciens, faisoit une chute plus exemplaire que le marquis de Bacqueville, quand il a dit si tard, c'est-à-dire presqu'en mourant : *Il m'a fallu une révolution pour connoître les hommes.* — Mais ses remarques subsistent, comme disoit madame Dacier.

Pour que les peuples soient heureux, il faut que les rois soient philosophes, et que les philosophes soient rois. Je crois que ce mauvais jeu de mots est de Platon,

---

(1) Voyez la note à la fin de l'ouvrage.

qui faisoit de l'esprit ce jour-là ; mais je suis bien sûr que le grand Frédéric, qui avoit appris les deux métiers, écrivoit à d'Alembert : *Si j'avois une province à punir, j'enverrois des philosophes* (1) *pour la gouverner.*

---

(1) Il est entendu que par ce nom de philosophes, on ne désigne que ces carricatures méprisées qui ont prêché le dédain des grandeurs pour envahir, non pas les grandeurs, ces hommes dégradent tout ce qu'ils touchent, mais les richesses et les places.

La vraie philosophie du législateur consiste à rendre les hommes heureux à leur manière ; à consolider, comme bases de l'ordre social et de la félicité publique, la religion et la morale ; à dicter des loix, sinon parfaites, du moins les plus sages et les meilleures possibles..... Eh ! quel bienfait peut-on encore solliciter de la providence, si le chef d'un gouvernement juste est un héros !

LETTRE XXXVII.

Par Pont-de-Mena et Montaigu, on arrive à Néris. Ce n'est plus qu'un bourg, mais c'étoit autrefois un endroit considérable, car à Bruyère, près de Saint-Amand, on vient de retrouver une colonne milliaire qui indiquoit la distance de cet endroit à Bourges, à Château-Meillan et à Néris. A l'entrée de ce bourg, du côté de Montluçon, on voit sur la droite un emplacement nommé encore aujourd'hui le camp de César. Les nombreuses traces du séjour des Romains, jointes à l'inspection du local, donnent un caractère d'authenticité de plus à cette tradition.

Le peu d'espace qu'il occupe montre que c'étoit un camp à demeure, de ceux que les Romains appeloient *stativa cas-*

tra, qui ne contenoient qu'une légion et souvent moins. Les monumens encore subsistans prouvent que les troupes romaines ont été long-temps en garnison dans ce pays. C'étoit celui des Boïens, nation vaincue, chassée de la Germanie, et que la reconnoissance attachoit à César, parce qu'il leur avoit permis de fonder là une nouvelle patrie. Quoique les Romains aimassent à donner à leurs camps la forme quarrée, comme les Grecs la forme ronde aux leurs, à l'instar de leurs villes, néanmoins le camp de Néris, non plus que ceux qu'on a attribués jusqu'à présent à César, en France, n'est pas quarré, mais ovale, assez irrégulier, approchant du triangle à cause de la nature du terrain. Il est beaucoup plus long que large, selon les loix de l'ancienne castramétation, inabordable à l'ouest, étant assis de ce côté sur une gorge très-escarpée. L'accès en est difficile au nord et à l'est; il n'y a qu'au midi où l'entrée en est de niveau avec le sol; mais elle est défendue par une levée de terre en demi-cercle, qui n'a rien perdu de sa hauteur, et a même plus que les treize et quatorze pieds que recommande Végèce, les dimensions surtout en nombre impair, parce qu'il n'y avoit que celles-là qui plussent à la divinité. Le *numero deus impare gaudet* étoit une superstition aussi chère au guerrier qu'à l'agriculteur. César faisoit à ses camps des boulevards de treize et quinze pieds, et des fossés de neuf, onze et treize. Les soldats obéissoient à César, parce que César obéissoit à leurs préjugés. Ce n'est pas lui qui auroit fait jeter à l'eau les poulets sacrés, en disant : qu'ils boivent, puisqu'ils ne veulent pas manger. Il auroit commandé des Juifs, qu'il ne les auroit pas menés se battre le jour du sabat.

En face du camp, sont les restes bien plus remarquables d'un amphithéâtre des Romains. On distingue les gradins de pierre, les parois intérieures de l'enceinte avec leurs divisions. Si le temps et la charrue n'eussent pas exhaussé le sol, on retrouveroit les loges où étoient enfermées les bêtes destinées à l'amusement public. Mais on peut se représenter à ces places, que couvre aujourd'hui une moisson de haricots, les soldats romains qui n'avoient que le chemin à traverser, passant sous ces portiques à colonnes cannelées, dont la largeur est encore marquée. C'étoit là qu'ils venoient jouir en foule de ces spectacles mâles qui pouvoient endurcir, mais qui du moins ne corrompoient pas leurs cœurs. Ce devoit être en effet une bien belle horreur, que cent lions déchaînés ou cent ours de Numidie, comme aux jeux de Scylla; ou bien ces lions et ces éléphans (1), comme aux jeux de Pom-

―――――――――――

(1) Ce sont ces éléphans-là qui, à ce que rapporte Dion, s'étoient embarqués sur la promesse par serment qu'il ne leur seroit fait aucun mal, et qui ne levoient leurs trompes au ciel que pour l'invoquer contre ceux qui leur avoient manqué de foi. Le plus difficile étoit de trouver un historien pour

pée, qu'on voyoit aux prises, non pas avec des criminels ou des hommes tremblans (seul aspect sous lequel Cicéron nous présente ces spectacles, qu'il n'aimoit pas), mais avec un nombre suffisant d'intrépides chasseurs accoutumés à les combattre et à les vaincre.

Au reste, ces étonnans et ruineux spectacles, que des préteurs et de simples édiles ont souvent donnés au peuple romain, n'auroient dans l'histoire moderne rien qui pût leur être comparé, si ce n'est la fameuse chasse de Gengis-Kan, décrite par les historiens orientaux (1).

Ce qui est vraiment admirable, c'est

écrire un pareil conte, car nous avons la mesure de ce que peut croire un peuple endoctriné — Celui d'Angleterre n'a-t-il pas cru, quand cela a été nécessaire, que les royalistes avoient miné la Tamise ?

(1) Voyez la note à la fin de l'ouvrage.

la solidité des édifices destinés au simple amusement de ces Romains, toujours grands jusque dans leurs fantaisies, surtout si on les compare à nos monumens modernes. On peut en juger par l'extérieur de l'amphithéâtre de Néris. Tout autour sont des jambes de force de la plus saine conservation; de distance en distance, il y a des citernes quarrées qui contenoient le sable fin qu'on jetoit dans l'arène. Il ne manque pas une pierre au corps de la construction, ou plutôt l'éternel ciment des Romains n'en fait encore qu'une seule et même masse dans beaucoup d'endroits. Il y a quelque temps qu'on essaya de creuser jusqu'à l'ancien sol; on ne trouva rien, on s'y étoit mal pris; il eût mieux valu creuser par tranchées, et on avoit fait des puits; mais en creusant des puits, on ne rencontre pas toujours Herculanum.

Près du bourg actuel de Néris, dans les vignes environnantes, on découvre par-tout d'anciens fondemens, et souvent des médailles de cuivre et d'argent, des vases de terre rougeâtre qui décèle leur origine, des fragmens de colonnes de pierre et même de marbre, quelques petites statues grossières qui n'ont de recommandable que d'avoir appartenu aux maîtres du monde.

LETTRE XXXVIII.

On sait que les Romains aimoient beaucoup les bains chauds. Il y a à Néris des eaux chaudes et minérales; ce fut sans doute une des raisons qui les portèrent à s'y établir, et qui y font découvrir tant de vestiges de leur séjour. Rien dans les bains ne se ressent de cette prédilection ; tout y est moderne et n'a rien de remarquable. On y guérit, mais on ne s'y amuse pas. Les eaux de Néris ne sont point *un de ces lieux dangereux pour l'innocence, où se rassemblent des gens oisifs qui, sous les apparences d'une complexion foible, cachent souvent des passions très-fortes, d'où l'on revient fort différent de ce qu'on y étoit allé, et où, en cherchant la santé du corps, on perd malheureusement la vie de l'ame.* Voyez *Vie de madame de Miramion ;*

mais l'auteur en vouloit aux eaux de Forges.

On va à celles de Néris par besoin, et non par plaisir; chacun y sent son mal; l'un y est pour un bon coup d'épée qu'il a reçu, ayant parfaitement raison; un autre, pour quelque blessure qu'il a été chercher bien loin. — Trois individus se baignoient dans le bassin quarré qui est au milieu des bains; ils étoient auprès l'un de l'autre, rapprochés par la douleur. C'étoient un officier hongrois, un caporal républicain et un brigand de l'ouest. L'officier avoit le genou démis, le caporal deux coups de sabre reçus par-devant, le brigand un coup de fusil dans les deux mains. J'écoutai un moment leur conversation.

Tenez, camarades, disoit le caporal, rancune à part, convenez qu'il est bien dur pour moi d'avoir eu deux blessures, l'une en face de vous, qui vous battiez sans savoir pour qui, l'autre contre vous, qui vous battiez contre votre patrie. — Monsieur, répondit le Hongrois, je ne vous comprends pas. — Le caporal reprit : Je m'en vais parler moins vîte..... ce n'étoit pas cela. — Le brigand de l'ouest avoit entendu ; il fit un mouvement involontaire, mais le sentiment de sa blessure y avoit autant de part que le mécontentement, car personne n'avoit intention d'y mettre de l'humeur. Il dit cependant : — Sans vous interrompre, est-ce que la France a été une patrie depuis le 2 septembre *jusqu'au 18 brumaire?* C'est une question que je vous fais. — Apparemment, puisque pendant six ans ses représentans nous disoient en son nom, par tous les courriers, que nous avions bien mérité d'elle. — Je ne crois pas que la France et la patrie de ces patriotes-là fût la même chose. Je suis comme ce Péruvien : je renonce au paradis, s'il est possible que je les y rencontre. — Dites-moi, n'y a-t-il pas eu quelques excès aussi dans votre parti ? — Il y a bien eu quelques vertus dans le leur. — Le patriote selon mon cœur, reprit l'honnête caporal, seroit votre ami. (Ici il fit, sans s'en appercevoir, un portrait de fantaisie, comme tous ceux qui peignent les hommes, non tels qu'ils sont, mais tels qu'ils devroient être. Je n'ai pas retenu ce portrait.) — Le Hongrois lui dit : Caporal, je vous entends à présent, vous peignez-là l'honnête homme de tous les pays, le Hongrois, le Français soldat. — Camarade, reprit le caporal en se retournant vers le brigand, si vous connoissiez les patriotes...... — Je suis un habitant de l'Ouest..... — Je comprends ce que vous voulez dire; mais je n'ai pas vu toutes ces horreurs-là. Depuis six ans j'habite les camps. — Et moi les forêts. — Il n'y avoit (c'est le caporal qui continue) il n'y avoit guère de gloire à mourir sans être même regardé. Je n'ai jamais été blessé que sous les yeux de mon capitaine. — Moi, dit le Hongrois, j'ai reçu ma blessure dans une reconnoisance où j'empêchai l'archiduc Charles d'être pris. — Quoi ! monsieur, repartit le brigand, vous vous battiez sous les yeux de votre prince ! Ah ! ne me répétez pas cela..... Il se tut. Le Français et le Hongrois le regardèrent avec plus d'amitié, et personne ne renoua l'entretien.

LETTRE XXXIX.

De Néris, on retourne à Montluçon. Depuis Montluçon je n'ai plus trouvé que les mêmes lieux, les mêmes objets. Cependant le même voyageur repassant par les mêmes chemins, pourroit ne pas revoir de la même manière. Quel est l'homme, quel est le souverain, quelle est la jolie femme qui voient le lendemain comme la veille ? Un ami qui trompe, une mauvaise nouvelle qu'on reçoit, un amant qui délaisse, c'est-à-dire qui gagne de vîtesse, tout cela fait voir les mêmes objets très-différemment. Rentrons dans les idées générales.

Nous voici de retour dans les plaines : on y est de plain-pied avec les hommes ; rien n'est plus en perspective ; on voit mieux quand on regarde d'en-haut. C'est de Montmartre que Henri IV s'écrioit, la tête entre ses jambes, en voyant Paris : Que de nids de co...! — A quoi son fou répondoit : Sire, je vois le Louvre.

C'étoit sur une éminence où l'on avoit placé son trône, que Xerxès versoit des larmes en contemplant les cinq millions deux cent quatre-vingt-trois mille deux cent vingt personnes qu'il traînoit contre les Grecs. Le site avoit fait effet : le tort du grand roi fut de ne pas conclure après avoir pleuré.

Ce n'est pas que pour observer les hommes, il suffise d'être placé de manière à les bien voir : il faut que les verres de la lunette ne soient pas jaunes, que ce ne soient pas non plus des prismes. Cette espèce de jeu d'esprit, par lequel on nous dit qu'Esope représentoit la langue comme ce qu'il y avoit de meilleur et de pire, s'applique parfaitement à l'homme même. Il y a un milieu entre Alceste et Philinte. On remarque à l'Observatoire que la même quantité d'eau tombe annuellement; mais ce n'est pas toujours où on la desire. Il en est de même des vertus, qui font honneur à l'espèce humaine : on ne peut nier leur existence, on les trouve dans l'humanité prise en général, mais on ne les rencontre presque jamais là où l'on se croit en droit de les attendre. Jugeant mal les acteurs, nous jugeons mal les scènes du drame de la vie; mais sur le théâtre du monde, acteur ou spectateur, chacun a un rôle à jouer. La bonne intention n'excuse pas un mauvais calcul, et ne garantit pas de ses suites. Un homme vertueux, par exemple, paie de sa tête une imprévoyance, sans qu'il y ait lieu d'accuser celui qui veillant aux causes premières, laisse sans doute agir les causes secondes. Autrement, comment concevoir l'avalanche ensevelissant le religieux hospitalier du Saint-Bernard? Ici-bas, l'erreur est un délit comme le crime; l'univers moral a ses loix comme l'univers physique, la vérité en fait l'équilibre, on ne s'en éloigne pas impunément.

Pourquoi sous une existence si précaire, avec une fragilité si commune, les hommes ne se mesurent-ils que sur une échelle de dépréciation ? Pourquoi ne pas partir du principe opposé ? L'égoïsme même gagneroit beaucoup à cet échange...... Par ce tarif de conciliation, tout ce qui ne seroit pas dommage seroit profit ; celui qui ne nuit pas feroit moins qu'on ne craint ; celui qui oblige feroit plus qu'on n'espère ; l'homme se rendroit ainsi plus supportable ce monde, véritable lieu d'exil pour lui (1), et où toutes les conditions sont en état de guerre.

From botler habitations spurned Reluctant dost thou rove.
Goldsmith.

---

(1) Plusieurs sages de l'antiquité ont eu l'opinion de cet exil ; Anaximandre, disciple de Thalès, croyoit qu'*originairement les hommes ont été puissans.* Voyez Condillac.

Mais il ne faut pas dégoûter de la vie ceux qui y arrivent, dès les premiers pas qu'ils y font.

Ici les traces du voyageur sont absolument perdues ; semblables aux eaux du Rhône qui disparoissent sous un lit de roches au moment où l'œil s'y attend le moins. Mais le Rhône reparoît à cent toises de-là : les pas du voyageur ne seroient plus d'aucun intérêt à retrouver.

F I N.

NOTES.

NOTE SUR LA LETTRE II, page 8.

Gaston d'Orléans étoit un des hommes les plus instruits dans la botanique. Les auteurs qui en ont parlé en font un grand éloge, et célèbrent sur-tout sa bienfaisance. Son but principal dans l'établissement d'un jardin des plantes à Blois, fut d'y naturaliser toutes celles que l'art de guérir regrettoit de ne pas trouver en France. Des savans, par ses ordres, allèrent en recueillir dans les climats les plus éloignés, et son cœur s'épanouissoit en voyant prospérer sous ses yeux toutes ces plantes auxiliaires rangées par ordre et comme une armée redoutable toujours prête à combattre les maux de toute espèce qui affligent l'humanité.

Abel Brunyer, médecin et bon botaniste, est le premier qui ait fait imprimer le catalogue des plantes que contenoit le jardin de Blois, vers l'année 1655. Gaston mourut en 1660. Robert Morisson, qui avoit travaillé à l'établissement de ce jardin, et qui fut depuis professeur de botanique à Londres et médecin de Charles II, donna, quelques années après une description plus détaillée de toutes les plantes que Gaston y avoit réunies. Il en compte plus de trois cent cinquante qui ne sont pas dans le catalogue d'Abel Brunyer. C'est dans la préface de l'ouvrage de Morisson, imprimé à Londres en 1669, sous le titre de *Hortus Regius Blesensis auctus*, qu'on peut voir tous les droits que Gaston d'Orléans eut à l'estime et à la reconnoissance publique. Les vers suivans, extraits d'une pièce qui se trouve à la tête de cette édition, justifient parfaitement ce que je dis de lui au commencement de cette note.

Nec sese *Alcinoi* jactent Pomaria, plures
 Plantas Blesensis nobilis hortus alit ;
Quas decus Hectoridum variis distinxit arenis
 Gastonus, populo pharmaca sana suo :
Principibus cædes multis, laus maxima habetur,
 Cura erat huic hominum, principe digna, salus.

DEUXIÈME NOTE SUR LA LETTRE II,
page 11.

Voici l'*éloge du tabac*, pièce originale, mais qui ne manque pas d'idées; elle est peu connue : les actionnaires de l'hôtel de Longueville vont, dit-on, la faire réimprimer.

Quand je bois ce tabac salutaire aux humains,
J'ai, comme Jupiter, l'univers dans mes mains,
Car je tiens dans la pipe et le feu et la terre :
Je suis environné de nuages fameux :
S'il fait pleurer le ciel, je fais pleurer mes yeux,
Puis, rotant comme lui, je darde le tonnerre.

Celui qui rajeunit le père de Jason,
Le faisant retourner en sa verte saison,
Encore que son corps fût sec comme une souche,
Lui donna seulement ce remède invaincu,
Et lui faisoit sortir ses vieux ans par le cu,
Au prix que le tabac entroit dedans sa bouche.

En prenant du tabac, je prends un grand plaisir ;
Les mauvaises humeurs descendent à loisir,
Je ne mourrai jamais si j'en puis toujours prendre.
Faites, grand dieu, pour plaire au dessein qui me
   suit,

Qu'en cendres de tabac l'univers soit réduit,
Puisqu'il faut quelque jour qu'il soit réduit en
cendre.

Bacchus qui tient la clef des portes de mes sens,
M'a toujours défendu de n'user d'autre encens
Que du divin tabac sur l'autel de sa gloire :
Même il fut arrêté, dans le conseil des dieux,
Qu'on feroit la Balance un des signes des cieux,
Pour peser le tabac que les dieux veulent boire.

Je mets tant de fumée aux tuyaux de mon nés,
Que les rais du soleil, sur leurs pas retournés,
Se vont cacher de honte au ventre d'une nue.
A la fin, le soleil m'ayant baisé les mains,
Je lui rends la lumière en faveur des humains ;
Mais pour éclaircir l'air, il faut que j'éternue.

L'Espagnol eût vaincu ces braves Hollandais,
S'ils n'eussent apporté des rivages Indois
De ce divin tabac la liqueur enfumée ;
Et je veux soutenir, et de bec et de dents,
Que ce n'est qu'une pipe, et du tabac dedans,
La trompette que tient en main la Renommée.

Ce voleur, dont le foie à jamais renaissant,
Nourrit à table d'hôte un vautour ravissant,
Pouvoit faire aisément un crime sans offense ;
Car si, pour allumer du tabac seulement,

Il eût fait le larcin du céleste élément,
Au lieu de châtiment, il eût eu récompense.

Ces vers sont de 1634. Dès ce temps l'enthousiasme de Paul Veronneau étoit à-peu-près général; car le concile provincial de Tarragone, indigné contre l'intempérance de tabac, défendit aux ecclésiastiques d'en prendre en poudre dans le temps qu'ils officioient au chœur, et d'en prendre en pipe avant la communion, et même une heure après, sous peine d'excommunication. Voyez les *Nuits Théologiques*, où l'on trouve d'ailleurs quelques discours d'un aussi grand intérêt. Ce n'est pas celui sur le vin, où il est démontré qu'il est mal d'en trop boire, bien de l'aimer, et mieux de s'en passer; ni celui sur la préférence de la main droite ou de la main gauche, pour dire: *S'il vous plaît*; mais celui contre les femmes qui ne nourrissent pas elles-mêmes leurs enfans, car ce n'est pas la faute de l'auteur si J. J. Rousseau a prêché mieux que lui.

NOTE SUR LA LETTRE III, pag. 16.

Origine du tintamarre.

« Le duc Jean, fondateur de la chapelle
» de Bourges, alloit à la chasse, et s'étant
» informé de vignerons ce qu'ils gagnoient
» par jour et combien d'heures ils travail-
» loient, il apprit que quand c'étoit ès grands
» jours d'été, ils étoient tenus de prêter pied
» à boule à leur besogne depuis les quatre
» heures du matin jusqu'à huit et neuf heu-
» res du soir ; et ès plus courts jours de l'hi-
» ver, depuis six heures du matin jusqu'à
» sept ou huit heures du soir; étant même
» contraints pour cet effet, porter chandelles
» et lanternes quant et eux pour les éclairer.
» Le duc prenant ces peuples à compassion,
» ordonna que de-là en avant le vigneron ne
» seroit tenu de s'acheminer à sa besogne
» devant six heures, en quelque temps que
» ce fût, et qu'en été toute besogne cesse-
» roit à six heures du soir, et en hiver à
» cinq. Et pour ne rendre cette ordonnance
» illusoire, il commanda que ceux qui étoient

» plus proches de la ville, et conséquemment
» devoient entendre plus à leur aise le son
» de la cloche, en donnassent avertissement,
» en criant aux autres qui étoient plus pro-
» chains, lesquels seroient tenus de rendre
» le semblable aux autres, et ainsi de main
» en main. Ceci, depuis, fut très-étroitement
» observé en tout pays de Berry, auquel le
» premier vigneron ayant sur les cinq ou six
» heures du soir fait la première clameur, il
» excitoit son voisin à en faire autant, et lui
» pareillement aux autres, tellement qu'en
» toute la contrée s'entendoit une grande
» huée et clameur, par laquelle chacun étoit
» finalement averti qu'il falloit faire retraite
» en sa maison ; et cette même coutume
» s'observa autrefois, ainsi que j'ai ouï dire,
» ès environs de la ville de Blois, en un
» grand coteau de vignobles qui en est près,
» où les plus proches vignerons de la ville
» ayant ouï l'horloge, avoient accoutumé,
» pour le signal de retraite, de crier à haute
» voix : *Dieu pardoint au comte Thibault*,
» s'étant le peuple fait accroire, par un long
» succès de temps, que ce fut un comte Thi-
» baut de Blois qui en introduisit entr'eux la
» première loi et coutume. Or, disent les

» bonnes gens du pays qu'ils avoient ouï
» qu'autrefois le premier qui donnoit aver-
» tissement aux autres avoit accoutumé de
» *tinter dessus ses mares avec une pierre*, et
» tout d'une suite commençoit à huer après
» ses autres compagnons ».

Pasquier, liv. VIII.

NOTE SUR LA LETTRE V, pag. 24.

Sur l'esprit français.

Il n'y a qu'un peuple chez qui l'on ait imaginé de dire : *N'a pas des dettes qui veut, n'est pas catin qui veut*, et à qui l'on ait dit sans fanfaronnade : *Demain relâche, à cause de la bataille ; après demain nous aurons l'honneur de vous donner le Prix de Cythère*, etc. — Il est vrai que l'actrice avoit pour caution le maréchal de Saxe.

Le Français, pour celui qui préfère méditer comme Démocrite, étoit une école vivante de philosophie-pratique, un peu gaie, mais bien vraie.

Qui, quid sit pulchrum, quid turpe, quid utile, quid non
Pleniùs ac melius Chrysippo et Crantore dicit.
Horat.

Il étoit philosophe aussi, sans peut-être avoir fait sa philosophie, ce colonel français qui disoit à ses soldats, un jour de bataille : *Enfans, nous sommes tous aujourd'hui du même âge.*

Quoi que les héros romains aient pu dire ou pu faire, sont-ils au-dessus du comte de M...... qui, à soixante et dix ans, jeté de son cheval, et blessé de deux coups de sabre, répond à son fils qui s'arrêtoit pour lui offrir ses secours : *On n'a pas de père un jour de bataille; laisse-moi, et retourne au combat!*

Et pour ceux qui ne jugent que la valeur, plaçons ici l'équipage de ce vaisseau français qui, plutôt que de se rendre, se laissa couler à fond, en entonnant l'hymne des Marseillais, à ce combat de l'amiral Montaigu en 1794, où nous perdîmes sept vaisseaux, ce que Barrère appeloit remporter *une victoire morale.*

C'est tout cela, sans en rien ôter, qui auroit fait répéter à lord Chesterfield :

I have often thought, and I still do think, that a french man who with a fund of virtue, good sense, and learning, would join the manners and good breeding of his country, is the perfection of human nature.

Voici, pour complément de ces traits épars, un portrait vraiment national; il est d'un Allemand, mais le cardinal de Retz ne l'auroit pas désavoué.

« Il me dit (c'est Frédéric II dont il est ici question : le peintre que je copie voyoit assez bonne compagnie), » il me dit: J'ai
» quelquefois entendu parler du prince de
» Conti. Quel homme étoit-ce » ?

« C'est, lui répondis je, un composé de
» vingt ou trente. Il est bon, il est dur; il
» est facile, il est difficile; il est fat, il est
» affable, ambitieux et philosophe tour-à-

» tour, humoriste, frondeur, gourmand,
» paresseux, noble, crapuleux, l'idole et
» l'exemple de la bonne compagnie, n'ai-
» mant la mauvaise que par un libertinage
» de tête, que ses facultés ne font guère des-
» cendre ailleurs, mais y mettant beaucoup
» d'amour-propre : généreux, éloquent, le
» plus beau et le plus majestueux des hom-
» mes, avec une manière et un style à lui ;
» bon ami, franc, aimable, instruit, aimant
» Montaigne et Rabelais, tenant un peu de
» monsieur de Vendôme et du grand Condé;
» voulant jouer un rôle, mais n'ayant pas
» assez de tenue dans l'esprit; voulant être
» craint, et n'étant qu'aimé; croyant mener
» le parlement, et être un duc de Beaufort
» pour le peuple; peu considéré de l'un, et
» peu connu de l'autre; propre à tout, et
» capable de rien. Cela est si vrai, ajoutai-
» je, que sa mère disoit un jour de lui : Mon
» fils a bien de l'esprit, oh! il en a beaucoup!
» On en voit d'abord une grande étendue,
» mais c'est un obélisque; il va toujours en
» diminuant à mesure qu'il s'élève, et finit
» en pointe comme un clocher ».

NOTE SUR LA LETTRE VIII, pag. 37.

Croix qui parle.

A la sortie de Nanci, aux bords de l'étang Saint-Jean, on voit (ou l'on voyoit) la croix du duc de Bourgogne à l'endroit où fut tué le 5 janvier 1476, Charles-le-Hardi, le Téméraire ou le Terrible, car il eut ces trois surnoms. Le duc de Lorraine René II ; son vainqueur, fit placer cette croix au lieu même où le corps de Charles fut retrouvé. On lit sur la croix ce quatrain, *ce sont des vers :*

Est tombée en mil six cent et dix
De Harancourt, gouverneur de Nanci,
Seigneur d'Acraigne, Dulem et Mureveau,
En août m'a fait refaire de nouveau.

NOTE SUR LA LETTRE XXI, pag. 98.

Triomphes des Romains.

Au triomphe de César, après la conquête des Gaules, on porta les tableaux et les noms de huit cents villes, de trois cents nations, et on y vit Vercingentorix, qu'on mit à mort ensuite, et qui méritoit un meilleur sort. On porta en argent, en vases et en statues pour douze millions six cent cinquante mille livres sterling. Il y avoit dix-huit cent vingt-deux couronnes d'or qui pesoient vingt mille quatorze livres. Sur ces dépouilles il paya aux soldats cinq mille drachmes par tête, évaluées à cinq cents fr. le double au centurion, le quadruple au tribun; il donna par tête, au peuple, quatre cents deniers, dix boisseaux de bled et dix livres d'huile; enfin il traita le peuple romain à vingt-deux mille tables (1).

---

(1) Je pense que ce fut à cette occasion-là qu'il fixa à cent cinquante mille le nombre des indivi-

A l'un de ses triomphes, le char cassa : ce fut sans doute depuis qu'il n'y monta plus qu'en tremblant et sans avoir récité trois fois superstitieusement un certain vers qu'il s'imaginoit devoir l'empêcher de verser. Voyez *Hist. nat. de Pline*, liv. 28.

Au triomphe de Lépidus, on ne porta pas dix-huit cents millions comme à ceux de Pompée et d'Auguste, mais il fut remarquable par sa publication : *A tous ceux qui honoreront notre triomphe par des sacrifices, des festins publics et autres démonstrations de joie, salut et bonne fortune : à ceux qui se conduiront autrement, malheur et proscription.*

---

dus qui recevroient le bled gratuit. Quand les édiles le distribuoient à vil prix, ce qui arrivoit souvent, on évaluoit le nombre des têtes à trois cent vingt mille. Aurélien eut une libéralité de la même nature quand il revint de l'expédition de Palmyre; il avoit promis des couronnes au peuple romain, il en fit distribuer de pain de froment. Cela ressemble un peu trop, pour un empereur, à l'espiéglerie du marquis de L....., envoyant des petits chats à une danseuse à laquelle il avoit promis des chatons.

NOTE SUR LA LETTRE XXVI, pag. 130.

Description de la cataracte de Laufen.

« A un quart de lieue de distance, un bruit sourd et imposant annonce le majestueux spectacle dont vous allez être témoin. Ce même mouvement grave et monotone augmente comme votre émotion involontaire, à mesure que vous avancez dans un bois assez grand qui cache encore la scène à votre vue. Le bois s'ouvre, et sur la droite vous appercevez une vaste zône de nuages blancs au milieu desquels s'élèvent, comme des colonnes, deux rochers rongés par l'action continuelle de l'eau. Avant cette chute, qui n'est qu'un plan très-incliné, et non pas une cascade où la masse d'eau quitte la terre et décrive de parabole, le Rhin couloit lentement dans un lit large et peu profond. Sur la route de Zurich à Schaffouse, en face du bois, il sembleroit se précipiter jusque sur vous. A cinquante pas de ces deux colonnes naturelles, les nuages blancs retombent en eau limpide, le fleuve reprend sa couleur, sa tranquillité, et ne trouvant plus ni obstacle ni inclinaison, il tourne paisiblement à votre droite. Sans ce tonnerre sourd et sa célébrité, on chercheroit la chute du Rhin à deux cents pas de sa vue ; mais ce n'en est pas moins un de ces tableaux magnifiques qu'offre la nature, et que l'art ne peindra jamais. Le pinceau pourra rendre ces flots, que leur vîtesse et le choc des rochers en rochers métamorphosent en nuages ; il fera survivre à elles-mêmes ces deux colonnes minées que le Rhin sappe sans cesse, et qui ne sont pas les deux moindres accidens de ce combat des élémens. Mais cet effet, que l'ame reçoit avant les yeux, ce frémissement que le sol, que l'air répètent ; ce solennel avant-coureur de la décomposition de la nature, quel pinceau, quel art essayera de le rendre ? Sur quelle toile retrécira-t-on cette scène si majestueuse dans son ensemble, où le Rhin présente, par une succession rapide de contrastes, la nature passant du calme au chaos, et du chaos au calme ? Quelles couleurs atteindront ces milliers de prismes qu'un rayon de soleil fait jaillir de cet océan de neige ! Les cataractes du Nil, le saut de

Niagara, toutes ces belles horreurs de la nature se présentent à notre esprit accompagnées de rochers sauvages, de solitudes incultes. Ici le bon, et même le mauvais génie de l'homme mettent cette nature à profit, au-delà même des bornes où elle est sociable. Ces collines sont couvertes de vignes ; à côté même d'une des deux colonnes, un bras qui s'échappe sur la gauche, comme un gros ruisseau, fait tourner un moulin qu'on a osé y bâtir. Au-dessus du gouffre même, un méchant belvédère en bois s'avance, étayé sur de vieux ais plus pourris encore ; l'amour du gain y invite la curiosité, et lui offre un coup-d'œil aussi rare que dangereux. En haut est le château du bailli : la nature a déjà retrouvé des maîtres : les deux rives de la chute du Rhin appartiennent à deux cantons différens.

(*Extrait d'un Voyage en Suisse, inédit.*)

NOTE SUR LA LETTRE XXVIII,
pag. 141.

L'Etna et le Vésuve.

MALGRÉ l'autorité citée de Carréra et de Philotée, on a connoissance, d'après des recherches publiées en Angleterre, d'embrasemens de l'Etna bien plus rapprochés. — L'an 40, sous Caligula, qui étoit alors en Sicile, et qui prit la fuite. — Du temps du martyre de sainte Agathe, qui préserva Catane. — En 811, sous Charlemagne. — Une éruption de neuf ans (depuis 1160 jusqu'en 1169), où cette ville fut endommagée, la cathédrale détruite, et beaucoup d'habitans tués. — En 1284, 1329, 1333, 1408. — L'incendie enfin de 1444, qui dura jusqu'en 1447. — Il y a là contradiction entre les savans. C'est ainsi qu'un littérateur que son goût délicat et les graces de son esprit appeloient à nous faire connoître le maître de Properce et de Catulle, qui sait allier l'aménité de l'homme aimable à l'érudition de l'homme instruit, le traducteur enfin de Callimaque, vient par des rapprochemens neufs et judicieux, de rendre douteux les désastres de la fameuse éruption du Vésuve en l'an 79. Il s'appuie de recherches qui militent contre la tradition, et conjecture que ce ne fut pas l'éruption de 79, mais celle de 471 qui ensevelit les villes de Pompeja et d'Herculanum. Ce n'est pas qu'aujourd'hui cela ne revienne à-peu-près au même, mais les amis de l'humanité pencheront pour la dernière opinion, et seront bien aises qu'un nombre prodigieux de familles ait vécu, mangé, dansé, etc. etc. trois siècles de plus qu'on ne croyoit jusqu'à présent.

DEUXIÈME NOTE SUR LA LETTRE XXVIII, pag. 145.

Inscription de Torre del Greco.

« POSTERI, posteri, vestra res agitur: dies facem præfert diei, nudius perendino; advortite: vicies ab satu solis, ni fabulatur historia, arsit Vesevus, immani semper clade hesitantium : ne posthac incertos occupet, moneo.

» Uterum gerit mons hic, bitumine, alumine, ferro, auro, argento, nitro, aquarum fontibus gravem. Seriùs, ociùs ignescet, pelagoque influente pariet. Sed ante parturiat, concutitur, concutitque solum, fumigat, coruscat, flammigerat, quatit aerem, horrendum immugit, boat, tonat, arcet finibus accolas.

» Emigra dum licet ; jamjam enititur, erumpit, mixtum igne lacum evomit. Præcipiti ruit ille lapsu, seramque fugam prævertit ; si corripit, actum est, periisti.

» Anno salutis 1631. Emman. *Fonseca* pro rege Philippo IV, etc. Formidatus servavit, spretus oppressit incautos et avidos quibus lares et supplex vitâ potior.

» Tu si sapis, audi clamantem lapidem ; sperne larem, sperne sarcinulas; mora nulla, fuge ».

NOTES. 243

NOTE SUR LA LETTRE XXXI, pag. 162.

Montagnarde en patois.

2.

(*bis.*) Bessa-vous montagnes, haussa-vous vallon
(*bis.*) Qui m'impêcha de vere ma mie Jeanneton.

3.

Mezon dit Janète que vous vous marida,
Jo les sen ha vere chi quero versta.

4.

Jo le tant chercha de buissons par buissons,
Que jo le troubado imbè d'autres garçous.

NOTES. 245

Montagnarde. (Paroles de M. de *Clermont-Tonnerre :*)

Aurai longuement souvenance du beau damoisel de Cervance, Cil qui me disoit l'autre jour : Petite, à bel ami donne retour d'amour.

2.

Sans mal penser, ouïs sa flamme,
Je l'ouïs tant, que l'eus dans l'ame.
Tout bas il me dit l'autre jour :
  Petite,
A ton amant donne retour
  D'amour.

3.

Pour cet ingrat, n'ai plus de charmes,
Me faut plorer toutes mes larmes.
Il a délaissé sans retour
   Petite,
Celle à qu'il juroit l'autre jour
   Amour.

4.

De damoisel de haut parage,
Gardez-vous filles du village.
M'a menti qui m'a dit un jour,
   Petite,
Amour que sens veut du retour
   D'amour.

NOTE SUR LA LETTRE XXXII, p. 170.

Voici de mémoire, l'extrait de la fameuse *Leçon sur les Sens*. Le gouvernement d'alors, dont on ne soupçonnoit pas la pudeur, donna ordre, dit-on, qu'elle fût supprimée à l'impression. Aussi ne la trouve-t-on pas dans la collection des leçons de l'école Normale. L'extrait est exact, sinon pour le texte littéralement, du moins pour le sens. L'anecdote est vraie.

Les cinq sens ont été reconnus, leurs fonctions respectives assignées, leurs facultés analysées. Pour des métaphysiciens ordinaires, la tâche de l'idéologue se borneroit-là; mais le philosophe qui veut donner à l'analyse de l'entendement humain tout le développement dont elle est susceptible, ne s'arrête point lorsqu'il voit encore des sensations à définir ; il en examine la nature, les ramifications, les résultats. L'étude de nos sensations, des organes qui en sont la source, conduit à de nouvelles découvertes. Il en est une qui, sans doute, a été entrevue par quelques philosophes, mais qu'aucun n'a manifestée, et sur laquelle je vais vous donner quelques apperçus qui, par leur nouveauté, ouvriront un vaste champ à vos occupations, et offriront à vos réflexions une matière très-étendue.

Il est un sixième sens incompris dans la nomenclature ordinaire, le sens par excellence, un sens roi, si, comme le disoit Daubenton dans une de ses leçons à l'école Normale, il existoit des rois dans la nature. Vous m'avez déjà deviné, vous pressentez que je veux parler du sens de l'amour, ce sens dont tous les autres sont tributaires. Usant d'un empire absolu sur les cinq autres, il exige qu'ils lui rapportent le tribut des sensations dont chacun d'eux est l'organe. Délicat et voluptueux, il abandonne à ses subalternes toutes les sensations désagréables, il s'empare de toutes celles qui contribuent à ses plaisirs ; il les analyse, il aime à en jouir séparément ; chacun des autres sens ne peut recueillir une jouissance qu'il ne se l'approprie aussi-tôt : tous ne semblent être que des agens fidèles auxquels il ordonne de saisir les sensations dont ils sont isolément susceptibles, afin d'en créer pour lui une source de voluptés qui se varient en raison de la nature de l'organe qui les lui communique. Il est des momens où ce sultan, jaloux de réunir toutes les jouissances, fait un appel aux autres sens, et semble leur prescrire de lui faire une offrande simultanée de toutes les sensations voluptueuses dont ils sont capables séparément. Pour vous offrir une image vraie de cette réunion des diverses sensations propres à chacun des sens, et que le sens de l'amour recueille dans une coupe enchantée, je ne crains pas d'ouvrir à vos yeux les rideaux du lit nuptial, de vous présenter deux jeunes époux unissant la grace à la beauté, amans comme on l'est lorsqu'on jouit pour la première fois des faveurs de l'amour, enfin un couple vierge offrant des prémices en sacrifice à l'Hymen. L'Amour se joue dans les rideaux ondoyans de l'alcove consacrée à la volupté ; il a tendu son arc et percé d'un trait victorieux ces deux cœurs avides de s'unir, de se communiquer le feu qui les consume. Les voiles qui dérobent encore la pudeur de la jeune épouse le cèdent en blancheur à ses charmes, et l'éclat de son teint efface celui des roses dont le lit nuptial est jonché. C'est ici le triomphe du sens de l'amour : il règne en souverain, il commande en maître ; ses desirs sont autant d'ordres qu'il intime aux autres sens ; il semble que les émotions qu'il en attend ne se succèdent pas avec assez de rapidité ; il leur reproche leur lenteur, il veut qu'ils le servent simultanément, il veut confondre dans une seule jouissance toutes les sensations qu'il a exigées de chacun d'eux. Le charme est rompu, son triomphe est complet..... Respectons le sanctuaire de l'homme, que nous n'avons entr'ouvert que pour offrir une nouvelle carrière à vos réflexions sur la nature et la prééminence de ce sixième sens qui joue un rôle si orgueilleux dans notre organisation. Examinons maintenant le mécanisme qui rend les autres sens tributaires de celui de l'amour, et qui réduit chacun d'eux à être subordonné à son empire.

Les yeux, ces premiers gardiens de l'homme, qui lui sont donnés pour veiller à sa défense, se portent-ils sur une femme dont la beauté le frappe ? tout-à-coup le regard est humide de desir, étincelle de plaisir, et promet à notre souvenir, à notre espérance, à notre être, tout le bonheur de l'amour, toutes les jouissances de la volupté.

Le goût : ne savez-vous pas que Bacchus est le partisan le plus zélé de Vénus ; qu'il se joue à faire passer dans les cœurs une chaleur enivrante ; que jamais la mère de l'Amour ne trouva dans le dieu Mars un amant plus aimable et plus empressé, un sacrificateur plus puissant que lorsque le nectar avoit été prodigué sur la table des dieux? Au sortir d'une aimable orgie, où les vins les plus fins ont pétillé dans les verres, et excité les saillies et les bons mots, le vieillard lui-même oublie ses années, le sang circule avec plus de rapidité dans ses veines ; sa bouche desséchée par le jus des liqueurs spiritueuses, soupire après le bonheur de se désaltérer sur les lèvres des Graces, *intermissa Venus diù, rursùs bella moves.*

HORAT. carmin. l. IV.

L'ouïe : une musique délicieuse, une harmonie divine a frappé notre oreille ; chaque accord est voluptueux, chaque nuance marque un sentiment, chaque note éveille un desir : ce concert céleste a ému, électrisé tous nos sens, le charme nous accompagne jusque dans notre demeure, elle se métamorphose en un temple consacré à l'Amour, et, prêtres de ce dieu, nous entonnons quelques-unes des hymnes composées en son honneur.

Le toucher est celui des autres sens qui sert le plus directement le sens de l'amour; il est son agent le plus fidèle, moins pur, moins innocent que la vue et l'ouïe, présentant des sensations plus immédiates que l'odorat et le goût; le sens de l'amour lui a reconnu une analogie plus conforme à ses intentions, plus de docilité à le seconder; il en a fait son favori, l'interprète de ses ordres auprès des autres organes. Le toucher répandu dans tout notre individu manifeste l'universalité de la sensation, en la distribuant dans tous nos organes. Qu'est-ce en effet que l'extase amoureuse, sinon un frémissement universel, un toucher plus parfait, le résultat de l'appel fait à tous les autres sens, de contribuer au bonheur de celui de l'amour?

L'odorat, destiné par la nature à recevoir

et discerner les odeurs, me paroît moins un
sens particulier qu'un complément de celui
du goût; il en est comme la sentinelle; c'est
le goût des odeurs, l'avant-goût des saveurs:
il remplit avec fidélité la fonction d'avertir
le goût des jouissances qui lui sont préparées.
Aussi occupé que le goût de notre plaisir,
il emploie toute sa sagacité à nous le procurer; aussi docile que lui aux desirs du sixième sens, il n'est pas moins zélé à lui porter le tribut des sensations dont il est la
source. La nature, sans doute, en donnant
de riches couleurs aux fleurs, a eu en vue
notre félicité, elle a plus fait encore en leur
accordant ce parfum qui flatte si agréable-
ment nos sens. Cette odeur exquise paroît
être faite pour l'homme, et le sens de l'a-
mour, avide de multiplier ses jouissances,
fait encore contribuer à son bonheur les con-
quêtes faites par l'odorat. Voyons-nous une
belle rose ? elle est aussi-tôt pour nous l'em-
blême de la beauté; respirons-nous son odeur?
c'est l'haleine douce et délicieuse de l'amante
pour qui nous brûlons d'amour et de desirs ;
notre imagination prête à tous ses charmes
la propriété d'exhaler les odeurs qui nous
sont les plus agréables. Les Sybarites, pour

qui l'Amour et Vénus étoient les premiers des dieux, sentoient bien l'influence des sensations transmises par l'odorat au sens de l'amour, lorsqu'ils couvroient de fleurs les autels de ces divinités, et qu'ils y brûloient les parfums les plus exquis; une langueur amoureuse s'emparoit de tous leurs sens, celui de l'amour éprouvoit les plus douces émotions, et c'étoit encore au milieu des vapeurs des parfums qui brûloient dans leurs demeures voluptueuses, sur des lits parsemés de roses, qu'ils consommoient les sacrifices qu'ils aimoient à offrir à leurs divinités chéries. Ce tribut de sensations présenté par l'odorat au sens de l'amour, n'est pas pour lui le moins agréable; il varie ses plaisirs, il aiguillonne encore en lui le desir; aussi les femmes qui ont toujours si bien connu l'art de plaire, ont-elles soin de parfumer les autels où nous allons leur rendre nos hommages. . . . .

L'éloquence du professeur attiroit beaucoup d'auditeurs. Il y avoit nombre de femmes et de jeunes filles dans l'assemblée. Ici un jeune homme se leva, en s'écriant: *Le professeur d'entendement humain a-t-il ou-*

blié qu'il y a dans cette école un professeur de morale?

NOTE SUR LA LETTRE XXXIV, p. 186.

Un architecte, dit Vitruve, outre son métier, doit savoir onze choses :

1°. L'écriture, pour faire les devis.

2°. Le dessin, pour faire les plans.

3°. La géométrie, pour prendre ses alignemens.

4°. L'arithmétique, pour faire ses mémoires.

5°. L'histoire, afin de pouvoir expliquer, par exemple, que les cariatides sont les effigies des Cariennes, que les Grecs vainqueurs avoient emmenées captives.

6°. La philosophie morale, pour avoir l'ame grande, être modeste, juste, fidèle et sur-tout désintéressé.

7°. La philosophie naturelle, pour remédier à certains effets physiques, en connoissant leurs causes.

8°. La médecine, pour savoir les qualités

de l'air qui rendent les lieux sains et habitables.

9°. La jurisprudence, pour la construction des murs mitoyens et les vues.

10°. L'astronomie, pour savoir faire les cadrans solaires.

11°. La musique, afin d'être en état de faire les catapultes qui se bandoient avec des cordes à boyau, dont les tons faisoient juger la roideur; ou d'accorder les vases d'airain qu'on mettoit sur les théâtres.

Figaro disoit à Almaviva : Aux qualités qu'on exige dans un domestique, votre excellence connoît-elle beaucoup de maîtres qui soient dignes d'être valets ? — On pourroit dire aussi, d'après tout ce que demande Vitruve : Y a-t-il beaucoup de chanceliers, de premiers ministres ou de législateurs qui soient dignes d'être architectes ?

NOTE SUR LA LETTRE XXXVI, p. 204.

Les savans se sont occupés de cet important objet. On a déjà fait plusieurs expériences dont le résultat heureux tend à établir que la reproduction de l'espèce humaine pourroit bien avoir lieu sans le concours immédiat des deux sexes.

On voit que l'idée de simplifier les opérations de la nature pour la multiplication des individus, n'est pas nouvelle, et l'on peut espérer que des tentatives réitérées assureront cette précieuse découverte. Douter de la perfectibilité de l'esprit humain et de son prochain élancement dans la sphère des connoissances les plus sublimes, seroit une hérésie littéraire. C'est avec une foi sincère que nous croyons à ses rapides progrès, dont une plume aussi brillante qu'ingénieuse nous a tracé les développemens. Ce qui nous contriste, c'est d'ignorer combien de temps encore nous resterons dans l'état de chenille où nous sommes, avant de passer à celui de papillon, où les hommes jouiront enfin de la liberté qu'ils cherchent, et les femmes de cette légéreté que leur caractère invoque et qui sied si bien aux Graces.

J'ajoute un mot qui n'est pas sans liaison avec la citation qui donne lieu à cette note. Robinet a fait un livre assez curieux, où il tâche d'établir que la Nature s'est long-temps essayée à faire l'homme, et que c'est après avoir tenté, pendant des siècles innombrables, de modeler tantôt un membre, tantôt un autre dans chacun de ses règnes, où l'on trouve encore ses premiers moules, qu'enfin elle a produit ce chef-d'œuvre. Il est resté des traces de ce long tâtonnement de la Nature, qu'on doit moins regarder comme des distractions de sa part, que comme des vestiges certains de ses premiers efforts. — Le journal de Verdun fait mention de plusieurs filles devenues hommes: il est question entr'autres d'une fille de dix-sept ans, métamorphosée en garçon, dans le village de Charleroi. On a vu dans un autre journal, qu'un jeune homme accoucha d'une fille, etc. *Voyez* sur ces anecdotes la traduction d'un petit livre singulier qui parut en 1595, ayant pour titre: ***Disputatio perjucunda quâ ano-***

nymus probare nititur mulieres homines non esse. Cette traduction est de 1766.

NOTE SUR LA LETTRE XXXVII,
pag. 210.

Sur la chasse de Gengiskan.

EN 1221, Gengiskan étant sur les bords du fleuve Oxus, dans le cœur de l'hiver, il ordonna cette chasse pour tenir ses soldats en haleine. Le terrein qu'on devoit embrasser fut marqué; l'enceinte fut d'environ quatre mois de marche. Le point central étoit une plaine où tous les animaux devoient être forcés de se réunir. Les soldats armés de leurs casques, de leurs cimeterres, de leurs boucliers, ayant leurs carquois pleins de flèches, ne pouvoient ni tuer, ni blesser aucun animal sous peine de la vie. Seulement ils devoient pousser des cris pour les effrayer et les empêcher de forcer l'enceinte.

Quand la chaîne fut formée, les timbales, les trompettes, les cors se firent entendre, et sonnèrent la marche de toute part. Elle commença par-tout en même temps, et de la même manière, les soldats marchant fort serrés, et toujours vers le centre, en poussant devant eux les bêtes. On marchoit tous les jours, et on faisoit halte toutes les nuits. Le cercle venant à se rétrécir, les bêtes commencèrent à se sentir pressées. Alors elles gagnoient les montagnes, se jetoient dans les vallons, où elles ne tardoient pas à être forcées. Les tanières se remplissoient inutilement; on les ouvroit avec toute sorte d'instrumens. Enfin le terrein manquant peu à peu, les espèces se mêlèrent; il y eut des animaux qui devinrent furieux, et ce ne fut qu'avec beaucoup de peine que les cris des soldats et le bruit des instrumens parvinrent à les éloigner. L'espace devenant toujours plus petit, les bêtes féroces s'élançoient sur les plus foibles, et les déchiroient, lorsqu'on fit battre les tambours, les timbales, et jouer plusieurs instrumens à la fois. Tout ce bruit, joint aux cris des chasseurs et des soldats, causa une telle frayeur aux animaux, qu'ils perdirent toute leur férocité: les lions et les tigres s'adoucirent; les ours et les sangliers, semblables aux bêtes les plus timides, paroissoient abattus et consternés.

Quand Gengiskan les vit tous assemblés dans le petit espace qu'il avoit prescrit, il y entra le premier, tenant d'une main son sabre, et de l'autre un arc, avec le carquois sur son épaule. Alors il commença lui-même le carnage, en attaquant les bêtes les plus féroces. Quelques-unes entrèrent et se défendirent. Gengiskan se retira ensuite sur une éminence, où son trône avoit été préparé, et il observa de là la force et l'adresse des princes ses enfans, ainsi que de ses officiers, qui attaquoient les animaux. Enfin ses petits-fils et les jeunes seigneurs de leur âge se présentèrent devant le trône, et le prièrent de donner la vie et la liberté aux bêtes qui restoient. En même temps, celles qui avoient évité le sabre et les flèches, ne se voyant plus poursuivies, s'échappèrent et regagnèrent les forêts. Gengiskan loua le courage de ses troupes, et les renvoya dans leurs quartiers.

FIN DES NOTES.

TABLE.

Lettre première	page 1
Lettre II	5
Lettre III	12
Lettre IV	19
Lettre V	23
Lettre VI	26
Lettre VII	30
Lettre VIII	36
Lettre IX	39
Lettre X	43
Lettre XI	46
Lettre XII	49
Lettre XIII	54
Lettre XIV	58
Lettre XV	62
Lettre XVI	66
Lettre XVII	72
Lettre XVIII	76
Lettre XIX	81
Lettre XX	87
Lettre XXI	94
Lettre XXII	99
Lettre XXIII	104
Lettre XXIV	111
Lettre XXV	117

Lettre XXVI	123
Lettre XXVII	134
Lettre XXVIII	139
Lettre XXIX	147
Lettre XXX	153
Lettre XXXI	159
Lettre XXXII	167
Lettre XXXIII	171
Lettre XXXIV	175
Lettre XXXV	187
Lettre XXXVI	198
Lettre XXXVII	206
Lettre XXXVIII	213
Lettre XXXIX	218
Notes	223

FIN DE LA TABLE.

www.ingramcontent.com/pod-product-compliance
Lightning Source LLC
Chambersburg PA
CBHW050344170426
43200CB00009BA/1726